U0919458

【盛世风华系列】

# 昌运久长

## 说说康乾之治那些事儿

姜正成◎主编

中国财富出版社

**图书在版编目（CIP）数据**

昌运久长：说说康乾之治那些事儿 / 姜正成主编. —北京：中国财富出版社，2014.6

（盛世风华系列）

ISBN 978-7-5047-5010-5

Ⅰ. ①昌…　Ⅱ. ①姜…　Ⅲ. ①中国历史－清代－通俗读物　Ⅳ. ①K249.09

中国版本图书馆 CIP 数据核字（2013）第281578号

**策划编辑** 王秋萍　　**责任印制** 方朋远

**责任编辑** 康书民　宋　宇　　**责任校对** 饶莉莉

**出版发行** 中国财富出版社

**社　　址** 北京市丰台区南四环西路188号5区20楼　**邮政编码** 100070

**电　　话** 010－52227568（发行部）　010－52227588转307（总编室）

010－68589540（读者服务部）　010－52227588转305（质检部）

**网　　址** http：// www. cfpress. com . cn

**经　　销** 新华书店

**印　　刷** 北京柯蓝博泰印务有限公司

**书　　号** ISBN 978－7－5047－5010－5 / K · 0135

**开　　本** 710mm × 1000mm　1/16　　**版　　次** 2014 年 6 月第 1 版

**印　　张** 16　　**印　　次** 2014 年 6 月第 1 次印刷

**字　　数** 197千字　　**定　　价** 33.00元

# 前言

顺治十八年（1661年）正月初七，清帝福临去世，皇三子玄烨继位为帝。有清一朝自此历经康熙、雍正、乾隆三代盛世，政治相对清明，国力强盛，是中国封建社会发展中最后的黄金年代。

首先，清代专制主义中央集权制度发展到康熙后，呈现日益强化的趋势。中央权力高度集中，君主皇权进一步加强。到雍正、乾隆时期，军机处将议政王大臣会议和内阁的职权集于一身，直接听命于皇帝，皇权得到高度的发挥，极大地提高了行政效率。在思想领域控制方面，清朝统治者采取怀柔和镇压两手政策。一方面用科举考试办法网罗地主阶级知识分子；另一方面大兴文字狱，残酷镇压具有反清思想的汉族地主阶级知识分子。另外，三代帝王大都有自己的赫赫武功。康熙帝削平三藩，为“康乾盛世”奠定了基础；之后又统一台湾，三征噶尔丹，英勇抗击入侵雅克萨的沙俄侵略者，是中国历史上最为杰出的皇帝之一。

清初战事频繁，直接影响了清朝的统治。从康熙到乾隆这三代皇帝，都极为重视农业生产。在这一时期，大量荒地的垦种，使得清代的社会经济实现了腾飞，为社会的发展奠定了雄厚的基础。以“摊丁入亩”为代表的一系列赋役制度的调整和改革，大大地增加了封建国家的财政收入。

据有关资料记载，康熙四十五年（1706年）库存银五千余万两，雍正时增至六千余万两，乾隆三十年至六十年（1765—1795年），库银长期保持在六千万两以上。文化事业也有了极大的成就，编纂了多达7.9万余卷的《四库全书》等大部头丛书。清朝进入了被人们称赞为文治武治兼备、疆域空前辽阔、社会繁荣、文化发达的“康乾盛世”，一个强盛的东方帝国屹立于世界的东方。

本书尊重史实，详细讲述了康熙、雍正、乾隆三代励精图治所显现出的盛世风华，讲述了他们在政治、经济、外交、民族关系上的历史功绩。希望能在读者们了解康乾盛世时，有所助益。

编　者

2014年1月

# 目录

## 第三章 政治稳定，经济繁荣

雍正皇帝曾经给其父皇做出了一个准确的评价：“（康熙）一生，经文纬武，寰宇一统，虽为守成，实同开创。”康熙能在百废待兴之局开创出一片基业，开启“康乾盛世”的序幕，实与开创建国无异。



## 第四章 雍正登基，加强集权

不论从康乾盛世的历史进程，还是从有清一代全史的角度来考察，雍正朝都是一个非常重要的阶段。世宗雍正没有其父长寿，更没有像其父享国如此之久，他在位只有13年。尽管时间短促，却不容忽视。实际上，我们所说的康乾盛世，是包含雍正朝在内的。正确的说法，应是“康雍乾盛世”。为图简便，习称“康乾盛世”。

## 第五章 整顿吏治，巩固边防

雍正十年（1732年），军机房被改为军机处，取代了清朝初年的议政王大臣会议的地位，成为清廷最高决策机构，皇权统治进一步加强。



## 第六章 乾隆初政，蠲免天下

乾隆五十七年（1792年），乾隆82岁，廓尔喀国王拉特纳巴都尔请求停战，愿向清朝臣服。这年，十月初三日，乾隆亲撰《御制十全记》，用满、汉、蒙、藏四种民族文字书写，刻碑建亭，用以宣扬他的武功成就，以垂久远。按高宗乾隆的说法，其十大功计有：两次平定准噶尔、一次平“回部”、两次扫荡金川、一次安定台湾及降服缅甸、安南各一次、两度反击廓尔喀。这十大战争，是他执政五十七年间亲自筹划而取得的军事成就。

# 第一章 少年有为，计除权奸

自古以来的专制制度告诉大家一个道理：当君权高度集中，统治集团内部协调一致的时候，国家就会稳定，经济就会发展。反之，君权旁落，统治者内部党同伐异，政治就会黑暗，社会就会混乱。

# 四臣辅政，计除鳌拜

顺治十八年（1661年）正月初七，顺治皇帝病逝于养心殿，时年二十四岁。顺治帝死后，年仅八岁的玄烨即皇帝位，以内大臣索尼、苏克萨哈、遏必隆、鳌拜辅政。

顺治遗诏宣称：“特命内大臣索尼、苏克萨哈、遏必隆、鳌拜为辅臣。伊等皆勋旧重臣，朕以腹心寄托，其勉矢忠荩，保翊冲主，佐理政务，布告中外，咸使闻知。”这四人都出自皇帝直接掌握的上三旗中的元老重臣。这种四大臣辅政体制，一反“从来国家政务，唯宗室协理”的祖宗成规，但没有引起争议，因为人们对多尔衮以宗室亲王的身份摄政时的弊端记忆犹新。为了避免历史重演，满洲贵族们接受了由非宗室大臣辅政的现实。这是政治体制上的重大变革。四大臣的地位只是“辅佐政务”，皇帝仍然掌握着决定一切的国家最高权力，不像旧体制那样，以长辈“代天摄政，赏罚拟于朝廷”。

在祖母孝庄太皇太后的亲自主持下，玄烨宣读遗诏，即皇帝位，年号康熙。四大臣深感受命辅政，责任重大，担心诸王不服，便以“国家政务从来由宗室协理”为由，向皇上请求与诸王、贝勒共同辅政。因有遗诏在，诸王不敢干预，于是四大臣便奏明太皇太后，并祭告皇天上帝及顺治帝之灵，宣誓不私自与诸王、贝勒府第往来，不结党羽，不受贿赂，表示了辅佐幼主、维护皇权的决心。正月十四，安亲王岳乐、康亲王杰书及大臣官员等，在西安门内南侧的大光明殿，向皇天上帝及先帝灵位设誓，表示要同心协力，辅佐幼主。这样，清廷便形成了以太后为中心，以异姓勋臣辅政，而亲王、贝勒加以监督的新的统治核心。

四大臣辅政与摄政王辅政有着明显的不同。摄政诸王都是皇室宗亲，他们是皇帝之长辈，本身又是一旗之主，权力极大，很容易侵夺皇权。而辅政大臣，虽然其地位与功劳都很显赫，但毕竟是异姓臣子。他们与太后及皇帝之间除君臣关系之外，还存在一旗之内严格的主仆隶属关系。四大臣也公开承认太皇太后和皇帝是他们的女主和幼主。因此，相对而言，辅政大臣不敢轻视太皇太后和皇帝而将大权揽于手中。

而且下五旗诸王尽管都是皇室宗亲，但他们对本旗力量的发展及个人权势的增长给予了更多的关心，而不大关心朝廷的利益和皇帝的地位。辅政大臣则不同，他们既是皇帝的臣子，又是上三旗的旗员，同皇帝的关系，既是君臣，又是主仆，利害荣辱，息息相关，一旦皇帝帝位不稳，他们也会跟着倒霉。所以，他们虽是异姓臣子，但对皇帝却比诸王更加忠心。

康熙元年（1662年），李定国拥立的南明永历政权被清军消灭，永历帝也在昆明被杀，李定国悲痛万分，不久死去，其部下也相继被清军讨平。康熙三年（1664年），清军又镇压了活动在湖北茅麓山的大顺军余部，农民军将领李来亨牺牲。至此，清朝才最终将大陆上的反抗势力扑灭，进入了百余年相对稳定发展的阶段。在长期的征服战争中社会生产遭到巨大破坏，华北地区，满目荒凉的景象；江南一带，到处瓦砾一片。面对这一状况，清朝政府鼓励垦荒，减免赋税，赈济灾民，以解除农民的痛苦。

康熙四年（1665年），对遭战争破坏最大的湖广地区“给牛种，听其开垦，三年后起科”，并责令地方官对流亡四川的湖广之人，登记造册，照人数多寡提供帮助，奖励垦殖。对无度牒的僧道，勒令还俗，让其垦荒。经过几年努力，全国田地、山荡、畦地数字有了很大提高，为后来清王朝社会经济的繁荣奠定了坚实的基础。

努尔哈赤时期和皇太极初年，辅佐汗的机构是文馆，又称书房。崇德元年（1636年），皇太极称帝，始改文馆为内三院即内秘书院、内国史院、内弘文院，并设内务府管理宫内事务，内务府大臣则由皇帝的包衣奴才担任。

顺治十一年（1654年），清廷仿明代制度，改置宦官十三衙门总管宫内事务。顺治十五年（1658年），参照明代制度将内三院改为内阁，同时设立翰林院。鉴于宦官在明代祸国殃民的罪行，四大臣辅政伊始，即于二月革除十三衙门，恢复内务府，仅留少数太监以供驱使，对防止宦官干政起到了积极的作用。六月，又以世祖章皇帝遗诏发布谕旨，废除内阁及翰林院，重新恢复内三院。这时，清帝取消了大学士入值和票拟之权，由辅臣代为执行；辅臣必须共同商议票签内容，然后向太后请示，并代幼帝朱批御笔。但代皇帝朱批御笔也为辅臣提供了专权乱政的可能。

辅政初期，四大臣还能忠心耿耿地辅佐幼帝。然而随着时间的推移，辅臣鳌拜自恃功高，渐渐跋扈起来，对爵秩低于自己而班次却高于自己的苏克萨哈心怀不满，遂利用黄白两旗的旧有矛盾，寻找机会，打击苏克萨哈。

康熙五年（1666年），鳌拜唆使八旗以土地不堪为由，提出更换的要求，送交户部。户部尚书苏纳海认为土地分配已久，且康熙三年（1664年）已有民间土地不许再圈的旨意，遂上疏反对圈换土地，并请将移文驳回。鳌拜假借世祖章皇帝有旨，凡事俱尊太祖、太宗例执行，于四月命镶黄旗从右翼之末移回左翼之首，并为镶黄旗在北京东北的顺义、怀柔、密云、平谷四县圈拨土地，造成既成事实。秋天，户部尚书苏纳海、侍郎雷虎等率人出发丈量准备圈换的正白旗土地，数千旗民极力声言换地的骚扰之苦，要求立即停止换地。同年十一月，直隶、山东、河南总督朱昌祚，直隶巡抚王登联同时上疏，指出旗民对重新更换圈地极为不满。接到命令后，旗民的土地等着调换，而民地则等着被圈，两下里都闲置不种，造成土地大量荒芜，恳请停止圈地。苏纳海等在丈量圈换土地时，由于镶黄旗章京不肯接受新圈换的土地，正白旗包衣佐领下人又不肯指出地界，他们只得将主持两旗换地的官员撤回。鳌拜仰仗其在辅臣中的优势，命吏、兵二部将苏、朱、王等革职锁拿，并交刑部议处。康熙五年（1666年）十二月，鳌拜以苏等人不愿迁移、结党抗旨、妄行具奏等罪，将苏纳海、朱昌祚、王登联三人矫旨处以绞刑，家产籍没，并将蓟州、遵化、迁安三地的正白旗土地强行加以圈换。旗员及人民深受其害，有数十万人失业。

圈地事件打破了四大臣协调一致的原则，朝内百官惴惴不安，纷纷上疏要求皇帝亲政。康熙六年（1667年），索尼去世，鳌拜趁机打算提高自己的地位与职权，代替已故的索尼获取启奏与批理奏疏之权。康熙见鳌拜

瓜尔佳氏鳌拜画像

愈加跋扈，四大臣辅政体制已无法发挥作用，遂以辅臣屡行陈奏为由，奏请太皇太后允许，私下里拟好了诏旨，于七月初七那天颁布，并举行亲政大典。此时鳌拜党羽已经形成，其势力在上三旗中占有绝对优势，鳌拜已控制了镶黄旗，正黄旗随声附和。正白旗大臣苏克萨哈凭一已之力无法与鳌拜竞争，遂于七月十二日请求辞职。鳌拜趁机以不愿归政、妄蓄异心等罪名，打算处死苏克萨哈。康熙知鳌拜等怨苏克萨哈经常与其争论是非，仇恨甚深，欲置之于死地，遂坚持不允所请。鳌拜竟攘臂上前，连续几日来向康熙帝奏请，最后仍将苏克萨哈处以绞刑。

鳌拜在除掉苏克萨哈后，朝中已无人敢反对他，于是更加跋扈。如有人自行启奏，他必加斥骂；于皇上面前，凡事不以理进奏，多以旧时疏稿呈览，逼勒依允；甚至对皇帝的旨意也公然反抗，拒绝履行。鳌拜党羽马迩赛死后康熙明令不准赐谥，而鳌拜却根本不听，仍行赐谥。在鳌拜支持下，其党羽亦敢怠慢皇上，皇权受到严重威胁。

鳌拜结党妄行，专擅朝政，不仅威胁到皇权，而且也损害了百官的利益，引起君臣的强烈愤慨。康熙七年（1668年）九月，内秘书院尚书熊赐履上疏，以天下治乱系宰相一语，暗指鳌拜擅政，国家前途堪忧。康熙认为，鳌拜身居要职，且党羽遍布内外，如果直接发布谕旨，捉拿鳌拜，恐怕会引起事变。于是康熙从侍卫及拜唐阿中选出忠实而又有力者，以练习“扑击之戏”为名义，让他们组成善扑营。同时康熙采取各种手段削弱鳌拜势力，他的党羽巴哈、苏尔马、绰克托、济世等人被派往外地。在做了精心准备之后，康熙召鳌拜进宫，命令善扑营将鳌拜擒下，与鳌拜一起被捉的有遏必隆及一等侍卫阿南达等。

铲除鳌拜集团牵涉到中央权力更迭的大事，这中间的关系极为复杂。而康熙帝仅用10天，即宣布了对鳌拜等人的处置，表明康熙帝对铲除鳌拜做了精心准备。谕旨里也没有任何报复的内容，法外施仁，区别对待，体现了极高的政策水平：第一，对立有不少战功的鳌拜处以拘禁，其兄赵布太、子那摩佛亦从宽免死拘禁。第二，遏必隆系开国勋臣额亦都与和硕公主之子，因而“免其重罪”，数月之后，又“特为宽宥，仍以公爵，宿卫内廷”。第三，对鳌拜罪应加诛的死党，除谕旨中所列已处死之班布尔善等7人之外，九月，又将工部尚书都统济世及内秘书院学士吴格塞处以绞刑。仅这9人被处死，较原议大大减少。第四，本为同党，宽宥免死，从轻发落。如吹捧鳌拜为“圣人”的一等侍卫阿南达，仅处以革职、鞭一百。另外还有免罪仍留原任者，如山陕总督莫洛、山西巡抚阿塔、陕西巡抚白清额。第五，内外满汉文武官员，因惧鳌拜权势或想从中谋利而党附鳌拜的人，都免于处罚，而且言而有信。鳌拜家人供出，总督白秉真、原任巡抚张自德、尚书龚鼎孳等，都曾嘱托他向鳌拜行贿。康熙帝于六月初七谕旨指出：“此等嘱托行贿者尚多，非止伊等。朕已有谕旨，将内外各官苟图幸进作弊者，俱从宽免。今供出各官，亦俱从宽免罪。”康熙缩小处罚面，制止了无限制的牵连，有利于稳定朝中政局。此外，

为受鳌拜迫害致死、革职、降级者平反昭雪。已故之苏克萨哈等人，由其后人承袭其爵位与世职。此案的处理，很能收买人心，表明年轻的康熙帝日趋成熟。

康熙帝铲除鳌拜之后，将大权独揽，开始了他“乾纲独断”的统治。从此之后，皇帝亲自批阅奏折，从不假手他人代为书谕。康熙年老之后，仍坚持这一原则，右手患病不能写字，宁可用左手执笔批旨，亦“断不假手于人”。从鳌拜专权事件中康熙得出一个教训：“自亲政以来，断不许人怀挟私仇，互相陷害，是以三四十年间，无大臣互相攻击之事。”鳌拜专政柄之时，曾把持议政王大臣会议，所议之事尚未起奏，结果即为外人所知，出现不断泄露的事情。康熙亲政后，对议政王大臣会议严加整顿，他规定：“其诸王贝勒之长史、闲散议政大臣，俱著停其议政；以后凡会议时，诸王、贝勒、大臣，务须慎密，勿致泄露。”康熙还针对鳌拜当权时形成的“交通在内近侍、使令人员妄行干求，或潜为援引，或畏威趋奉”等不正之风，郑重宣布：“朕处理事务的宗旨是对那些奸诈阴险谗媚之人严加惩处，选拔任用那些忠诚而有才德之人。以后如有不遵禁例，仍前干求趋奉者，定行从重治罪，决不饶恕。”这里当然包括禁止私通太皇太后身边近侍，妄图通过太后以干涉朝中大事者。

康熙帝在短短十余天里，便不动声色地将把持朝政数年、作恶多端的鳌拜势力迅速铲除，并在处理这一问题上显得有节有度，充分显示了他的聪明才干和大智大勇。他以异乎寻常的政治才能将局面控制在自己的手中。鳌拜集团的垮台使人们心头的忧虑一扫而去。人们在这一重大政治事件中，真切地感受到了年轻的康熙在政治上的成熟与处理政务的老练。

在处理了鳌拜及其党羽后，康熙立即发出诏旨，为苏克萨哈平反昭雪，发还其家产，恢复其爵位，由其幼子继承。对于已成事实的黄白两旗的换地一案，不再做调整。但由此而掀起的圈占民田狂潮，如不加制止，只会加剧社会的动荡和不安定。康熙帝于六月便下令："自后圈占民间房地，永行停止。其今年所以圈者，悉令给还……至于旗民无地亦难资生，以古北口等边外空地，拨给耕种。"清入关后持续了26年之久的圈地弊政寿终正寝了。随后在七月"圈换"案中被冤杀的苏纳海、朱昌祚、王登联三人也被昭雪，分别追谥并荫其子入国子监。在此案中牵连受处分的其他官员也都撤销了对他们的处罚，并官复原职。

平反积案时，康熙帝也十分留心处理朝中事务。但他毕竟年轻，取消大臣辅政，使得康熙帝事无大小都得亲自处理，这无疑使他的压力大增，设立一个协调的辅政机构，辅佐自己处理好朝内外国家大事已成为必需。

清朝入关初年，满洲的宗室贵族、八旗大臣在决定国家重大事务方面仍具有不小的权力。这是清入关前近30年，由努尔哈赤、皇太极执政时期逐渐形成的议政王大臣会议制度，一直在发挥作用的结果；当然也与顺治帝、康熙帝两代君主都是冲龄继位而不能处理政事有关系。不属常设的制度性机构的议政王大臣会议制度，不可避免地限制了君主对大权的独揽，因此，顺治十五年（1658年）十月，顺治帝将原有职掌逐渐扩大的内三院参照明朝制度改为内阁，在内阁办事的官员都称为大学士，内阁便具有了国家政权最高中枢机构的功能。但顺治帝一死，四辅臣立即又把内阁改为内三院。因此，直到鳌拜集团被铲除，辅佐帝王行之有效地处理国家政务的中枢机构在清王朝一直未能建立起来，它极大地影响了专制帝王的独裁统治。

康熙九年（1670年）八月，康熙帝下令把内三院重又改成内阁，并依顺治十五年例，大学士分兼殿（中和殿、保和殿、文华殿、武英殿）、阁（文渊阁、东阁）衔，并兼各部尚书，学士都兼侍郎。从此，内阁便逐渐发展成为清王朝的权力中枢，但并不完善。满汉大学士、学士、侍读学士、侍读等官同阁办事，帮助皇帝处理日常政务。

除此而外，鳌拜专权时对汉族人及汉官的歧视与迫害政策被废去，放纵贪官污吏、政府中玩忽职守、互相推诿等弊端也一一开始整顿。大清国开始了由乱入治的新时期。

## 历法之狱，康熙平反

我国自十三世纪以后一直到明代，均采用元代郭守敬之《授时历》，由于时日渐长，误差不断增大。利玛窦看到中国历法存在着严重的不足，开始着手制定新历法。明朝末年，中国士大夫徐光启、李之藻，采用西方科学方法，修正中国历法，聘请传教士熊三拔、庞迪我、邓玉函、汤若望等参加，编成规模宏大的《崇祯历书》。1644年，清军定鼎中原后，汤若望即向清朝政府提出修改历法建议。顺治元年（1644年）八月初一，当天有日食，清廷令大学士冯铨同汤若望携窥远镜等仪器，率局监官生，前往观象台测验，其初亏、食甚、复圆时间与方位，与西洋新法一一吻合，而大统历等都出现了误差。汤若望因此被清朝政府所信任。顺治二年（1645年），清廷决定采用西法，在全国颁布汤若望制定的《时宪历》，汤若望也被任命为钦天监监正。

《时宪历》依据丹麦天文学家第谷、布拉赫的天体运行论，采用欧洲几何学的计算系统，将一周天分为三百六十度，改百进位制为六十进位制，同时采用中国赤道坐标，以太阳在赤道上的实际移动位置为标准来计算节气，更加符合太阳运动的实际规律，因而比较精确。而中国传统历法，坚持“天圆地方”说，不但在理论上落后，而且又没有近代数学与几何学的知识，误差极多，很不准确。但新法的实行，引起朝中顽固派的不满。顺治亲政后，与汤若望来往频繁。据统计，仅顺治十三、十四两年（1656、1657年）间，顺治帝拜访汤若望达24次之多。顺治十四年（1657年）二月初一，清廷下令在宣武门内汤若望所建立的天主教堂前为汤若望立碑，赞他“事神尽虔，事君尽职”。这使得顽固派更为不满。

顺治末年，钦天监的吴明烜和新安卫官生杨光先先后上疏，弹劾汤若望的历法不准确。但在实测时，西洋历法确实比传统历法更符合天体的运动，而汤若望又得到顺治帝的支持，因此，汤、杨双方并未形成很激烈的冲突。

顺治十八年（1661年），世祖福临在养心殿病逝，遗诏皇三子玄烨为皇太子，并命鳌拜等四大臣辅佐政事。鳌拜对西法持排斥态度，杨光先遂再次上疏弹劾汤若望，双方冲突激烈起来。杨光先首先发表《避邪论》，对汤若望及基督教进行攻击，认为宇宙起于二元，对上帝造物说大加批驳。

爱新觉罗·玄烨画像

康熙三年（1664年）年初，汤若望的助手，传教士利类恩、安文思和中国教徒、钦天监历科官员李祖白合著《天学传概》一书，以李祖白名义刊行，宣扬中国的人种和文化都是自西方传来的，引起杨光先等人更激烈的反对。杨光先又写作了《不得已》对之进行反驳。利类恩、安文思等也不甘示弱，再写《不得已辩》，一场笔战在双方间爆发了。此时的矛盾已不再单单是传统历法与西洋历法谁优谁劣的学术问题，而是由此引出的政治问题在其中占了主导。康熙三年（1664年）七月二十六日，杨光先向礼部上《请诛邪教疏》，指斥汤若望妖言惑众，与中国传统伦理道德相悖；并借历法以藏身，刺探朝廷机密；在历法书上添印依西洋新法五字，意欲奉西洋为正朔，阴谋不轨，危害国家；并进《摘谬论》《选择议》二篇，指出新法十谬并指正荣亲王安葬日期之误。杨光先的奏疏获得了鳌拜的支持。八月初七，礼部开始审讯传教士，十一日方告结束，结果是，将汤若望革职废衔，与其他人员一起交刑部议处。

康熙四年（1665年）二月底、三月初，经刑部和议政王大臣会议共同会审，西洋新法被认定有错。其选择荣亲王葬期，不用正五行，反用洪范五行，山向年月俱犯杀忌。事关重大，因拟决汤若望及钦天监官吏李祖白等凌迟处死，利类恩、安文思等传教士皆杖刑一百并流放充军。汤、杨一案引起了清最高统治者孝庄太皇太后的关注。当辅政大臣将汤若望罪案向孝庄太皇太后奏禀时，太皇太后大为不悦，责备辅臣：汤若望一向得到先帝的信任，为何必置之于死地！遂命速行立即放了汤若望等人。传教士们幸免于死，但李祖白等5位中国官员仍被处以斩刑。八月，杨光先被任命为钦天监监正。十月，下令汤若望迁出馆所，由杨光先进住。

康熙五年（1666年）七月十五日，汤若望在北京逝世，终年74岁。汤、杨一案以杨光先胜利而结束，然而历法之争并未到此结束。杨光先虽任钦天监监正，但他极力否定西法，且其历算知识缺乏，使得钦天监内的工作陷入混乱之中。传统历法大统历有很多错误，必须加以订正，但吴明烜与杨光先都无法完成此工作。

康熙七年（1668年），江南上奏收集到元代郭守敬的天文仪器。因杨光先曾经请求用律管、葭草、柜黍制作仪器，以恢复失传一千二百多年的候气之法，康熙便命杨光先再议具奏。十一月，杨光先奏称：律管用法失传日久，能候气之人尚未寻访到，并推托因身染风疾，不能管理钦天监，引起康熙不满。十二月，传教士南怀仁上疏弹劾钦天监监副吴明烜所修历法：康熙八年（1669年）闰十二月，应为康熙九年（1670年）正月，又有一年两次春分，两次秋分等错误。康熙遂命大学士图海、李烜等官员28人同南怀仁、吴明烜等同到观象台，对历法进行测算。测验结果：立春、雨水、太阳、火星、木星与南怀仁所指逐款皆符，与吴明烜所称没有一项相符。康熙八年（1669年）二月初七，对钦天监事由议政王大臣会议讨论。议出结果认为杨光先身为钦天监监正，对历法的错误不能修正，又袒护吴

明烜，排斥西洋历法，以为必不能用。杨光先应革职处分，并交由刑部从重议罪。康熙念其年老，且又在与传教士笔战中维护了大清国的尊严，遂只革去其职务，免交刑部，妻子、儿女亦免流徙。三月十七日，南怀仁被任命为钦天监监副，并根据南怀仁的要求，对天象台仪器进行改造。八月十一日，应南怀仁等要求，清廷为汤若望、李祖白等平反昭雪，恢复汤若望“通微教师”称号。历经顺、康两朝的历法之争到此才告结束。

## 开科取士，加强统治

清入关后，凭借其强大的武力确立起对整个中国的统治，同时实行剃发、圈地、逃人、迁海等民族高压政策，导致清初民族矛盾空前尖锐。康熙继位之后，南明最后一个政权永历政权也被清军消灭了，清王朝开始出现一统天下的政治局面。

为了维护自己的统治，康熙四年到六年（1665—1667年），废除窝主刺字的规定，并减轻对窝主及左右邻居的处罚。康熙十一年（1672年），撤销督捕衙门，地方各省有关逃人案件，除宁古塔仍听该将军审理之外，其他各省均由各省督抚审理，而不再让王公、将军等满族人来处理。圈地是清入关之初，为重建农奴制庄园而采取的野蛮手段，农民的土地大量被圈占，许多人失去了赖以生存的土地，成为无业游民，社会生产力亦遭到严重破坏，引起广大汉族人民的强烈不满。康熙八年（1669年），清政府下令，永行禁止圈占土地民房，修订“逃人法”，停止圈地，使顺治年间一度非常尖锐的民族矛盾缓和了下来。

顺治年间，清廷对汉官极为歧视。朝官中，同一官职，满官品级却高于汉官。如满洲大学士、尚书、左都御史等官居一品，而汉大学士只有五品，尚书、左都御史为二品。在其他职务中也都是这样。这种明显的歧视，打击了汉官在国家治理方面的积极性，使他们倍感耻辱。他们不愿意为清王朝出力办事，不少汉族官员仅是应付差事，混日子而已。康熙帝亲政后，即下令将满汉官员品级划一。尽管实际上在每个衙门中仍是满官做主，但形式上满汉官员则平等了。在康熙帝亲政前夕，他又下令“各省督抚，不论满洲、汉军、汉人，应简选贤能推用。至于提督总兵官，系防守地方，亦应不论满洲、汉军、汉人，简选贤能推用”。此旨一下，清初地方总督、巡抚多由满族人充任的局面才有所改变。当然，这不完全是民族歧视的结果。清初，满洲贵族刚取得汉族人的天下，民族矛盾尖锐，用满族人可以放心，但对协调缓和民族关系不利。所以在相当长的时间内，主要使用的是汉军旗人。康熙帝既然明确表示不问满汉，但选贤能，对缓和对立情绪还是有一定积极意义的。

康熙初年，清统治者基本上有效地控制了全国，清朝政权渐趋稳固。但在江南地区，汉族知识分子依然充满着反清思想。顺治初年，清军下江南时实行的“留发不留头”的民族压迫政策，引起了江南人民的极大反抗。“嘉定三屠”“扬州十日”的惨景依然历历在目，且南明小朝廷覆灭不久，许多明朝遗臣依然存在，他们强烈要求恢复汉族人的天下。康熙十二年（1673年），清廷分封的三位汉族藩王已经发展成严重的地方割

据势力，吴三桂打出“反清复明”的旗号，企图在感情上赢得明朝遗臣和汉族士庶的同情和支持。大批封疆大吏和统兵大将响应“反清复明”的口号，但他们中很多人不相信吴三桂。河北总兵蔡禄起而谋叛，危及京师；京师的杨起隆也诈称朱三太子，发动反清起义。在这种情况下，康熙进一步认识到，若想缓和满汉之间的民族矛盾，彻底平息汉族人的叛乱，只有取得汉族知识分子的支持。

自汉武帝罢黜百家、独尊儒术之后，孔子和儒家思想一直在中国占据了思想上的统治地位，广大汉族知识分子深受其影响。康熙自幼受汉族传统文化熏陶，对汉族传统文化抱有强烈而浓厚的兴趣，同时也深知欲使国家长治久安，必须依靠儒家思想。康熙八年（1669年），他亲率诸王、百官拜谒孔子，由大成门步行至孔子牌位前，行二跪六叩头礼。康熙祀孔，目的在于利用孔子及儒家传统文化，笼络广大汉族官员，加强统治。康熙九年（1670年）十月初九，颁布《圣谕十六条》，通行晓谕八旗并直隶各省府州县乡村人等，切实遵行，目的在于用儒家思想控制全国人民。康熙尊孔、以儒学治国的决心，笼络了广大的汉族官员，在一定程度上缓和了民族矛盾。

康熙十五年（1676年），清廷在平定“三藩之乱”的斗争中取得了决定性的胜利。清廷在陕西、广东、江西等战场相继获胜，各路大军全力进攻湖南，围歼吴三桂之势已成，明朝遗臣复国梦最后破灭。康熙帝清楚，在大规模的战争结束之后，对立情绪肯定会逐渐缓和，因此，消除仇恨、表示诚意的合适办法是继续征召汉族知识分子到朝中为官。在平三藩之前的康熙九年（1670年），康熙帝以“孝康皇后升祔礼成”为词，颁诏天下，“命有司举才品优长”的遗老，举“山林隐遗”之士，征聘到京，以便任用。但效果不明显，宁波故明翰林院编修葛世振，关中名儒李鲹一见征召，竟称病坚决不就。后几年三藩之乱爆发，康熙帝虽然忙于战事，但却没有忘记笼络人心的大计。当康熙十七年（1678年）三藩被先后分化，叛乱即将被平定之时，一道谕旨由京城发往全国各地。为进一步笼络汉族地主和明朝遗臣，康熙十七年（1678年），宣布特开博学鸿词科，规定凡有学行兼优、文辞卓越之人，不论已仕、未仕，由在京三品以上及科道官员，在外省的总督、巡抚、布政使、按察使等官员举荐，皇帝亲试录取。

“博学鸿词科”是康熙皇帝在总结我国古代科举制度的基础上创立的特别科目，是由唐玄宗时期的“博学鸿词科”发展而来的。我国古代科举制有一个逐步发展和演变的过程：汉代，荐举和考试相结合，设有贤良方正、直言取谏、文学异等诸科，由丞相、列侯、州郡推荐，皇帝亲自考试录取；到了隋唐之际，科目渐多，隋炀帝大业二年（606年），设置进士科，“凭文取人，专主章句”，是考试科目中最难的一种；至唐玄宗开元十九年（731年），又创“博学鸿词科”；宋代继之，在进士及第者中挑选学问渊博、文辞清丽的秀士，因为要求太高、难度极大，因而未能普及推广；元明时期，仍以进士科为主，并专测试八股文章。清顺治二年（1645年），浙江总督张存仁首先向顺治帝献策，开科取士，以使从逆之念自息。顺治三年（1646年），首次举行会试，清朝科举成为定例。但八股取士，对于热衷于功名的年轻士子固然适宜，而对于立那些眷恋明朝、拒绝与清廷合作的名士则不一定适合。因此，康熙皇帝决定一方面沿袭旧制网罗汉族士子；另一方面采取汉代荐举与考试相结合的办法，进一步笼络遵从儒家思想的名士，从感情上消弭汉族士子与清朝贵族的矛盾，使之为清朝统治者服务。

经各地荐举，共有170余名才学之士参加了“博学鸿词科”考试。

康熙十八年（1679年）三月初一，康熙帝一早先到堂子致祭，而后回宫登上太和殿。在一片礼乐和传呼声中，应试者排队进入太和门，在太和殿前聚集。对皇帝行罢三跪九叩大礼后，被引导至体仁阁下依次就座，准备应试。大学士捧来试题，试题是《璇玑玉衡赋》一篇、《省耕诗》五言排律二十韵。上午十时，康熙帝又降旨赐宴体仁阁，大学士向试者宣布：从来会试、殿试、馆试状元、庶吉士，皇上都不赐宴，今天赐宴表明皇上对他们的礼遇与重视。然后由大学士、掌院学士等官员陪宴、赐茶。席间，学士们还向应试者透露说：本来大家都是满腹经纶的，用不着考试，但考试更能显示才学，这是皇帝表示敬重的意思。

赐宴结束之后，考试才正式开始。

其实康熙帝早在举“博学鸿词科”之前，便注意到，开科举设特科、延揽山林隐逸这些办法还有一定的局限性。对读书人召用，固然可以发挥广泛影响，但汉族地主有财势者和科举落第者对人心的向背也有了很大的影响。因此，康熙十三年（1674年），康熙帝在“三藩之乱”发生不久，他下旨在全国实行捐纳制度。允许那些热衷于功名却屡试不第、仕进无望而有家财者，出钱即可捐得知府、知州、知县或者监生、生员出身。以此来增强新政权对他们的吸引力，既可减少参与叛乱的人，稳定地方，又可扩大清王朝的统治基础，使他们自己的利益与清朝统治者的利益统一起来。而且，当时清廷的财政极为紧张，兵饷支出困难，正好借此一举两得。这一办法很快便显出成效。江南大批家有余资的地主文士中，每年都有相当多的人捐官、捐出身。仅苏州府属长洲和吴县在三藩之乱平定前3年，捐文武生员的即达到了800余人，而全国在3年之中竟有500余人捐为知县，占全部知县的1／3。清政府每年仅捐纳一项就可收入白银达200多万两，这不仅大大缓解了军费的紧张，也对平定三藩之乱起到重大作用。此举在笼络人心方面比“博学鸿词科”更加有效，而且影响面也广泛得多。

那时，康熙皇帝尽管还年轻，但这些政策足以显示出他的成熟与老练。当他的目的达到后，他心中也很清楚，捐纳只是权宜之计，绝非拣选人才之法。那些花钱买官的人是不会白下本钱的，他们中的很多人一旦上任，便会疯狂地搜刮民脂民膏，鱼肉百姓，最终会导致吏治败坏，社会出现不稳定局面。他也多次下令禁止捐纳，指出那不过是一时权宜之计。不过他万万没有想到的是，其后代子孙也把这一弊政“发扬光大”，一再实施捐纳，最后使清朝的官场变成了市场，严重地损害和瓦解了清王朝的统治基础。

康熙创办“博学鸿词科”，进一步争取了汉族士大夫阶层和上层知识分子的合作，削弱了反清力量，使全国政局日益稳定。明清之际，江浙一带既是战乱之地，又是反满之士的荟萃之地，因而该地区受到了“博学鸿词科”的照顾。据统计，江南与荐者58人，浙江与荐者47人，两者合占总数的50%以上。经过应试，他们大多接受了清廷的官职，逐渐与清朝统治者走到了一起。另外，清政府用“博学鸿词科”录取人员纂修明史，在汉族知识分子中确立了正统地位，削弱了汉族人反清的思想意识。当年，庄廷珑私修明史一书，因有不满清王朝的思想而遭镇压，株连极广，成为轰动一时的大案。现在清政府主持编修明代历史，继续了后一朝代修前朝历史的中国修史传统，把清王朝置于了正统王朝的地位，巩固了清王朝的统治。

# 第二章 平定三藩，收复台湾

康熙亲政后，将处置“三藩”看成是治国安邦的头等大事。所谓“三藩”，即顺治年间清廷派驻云南、广东和福建三地的平西王吴三桂、平南王尚可喜、靖南王耿继茂（后由其子耿精忠袭爵）。当时他们率清军南下，对于击败农民军及南明政权，做出过不小的贡献。但他们的权势也随之恶性膨胀，至康熙初年，三藩已成为事实上的割据势力，严重危害着国家的统一。

## 三藩专制，剿抚并用

诸藩势力的发展，与清初政治形势是密切相关的。当时清朝统治者为统一中原，需要厚待投降的汉族将领。孔有德、耿仲明（耿继茂之父）、尚可喜，原为辽东人，于天命六年（1621年）三月清太祖努尔哈赤攻占辽东后，陆续去皮岛投靠总兵毛文龙。天聪二年（1628年）六月，明蓟辽总督袁崇焕杀死毛文龙，东江大乱，明军自相残杀。孔、耿、尚等在走投无路的情况下，先后于天聪七、八年（1633—1634年）投降后金。清太宗皇太极出城十里相迎，隆重接待，封孔有德为都元帅、耿仲明为总兵官，命他们驻守辽阳，号"天助兵"；任尚可喜为总兵官，命他驻守海州。崇德元年（1636年）六月，皇太极改国号为清，封孔有德为恭顺王、耿仲明为怀顺王、尚可喜为智顺王，极示宠信之意。这时出现直属皇帝的三位汉族人藩王，不仅于中央集权无害，反而会牵制满洲诸王的势力，维护皇帝的地位和权势。崇德七年（1642年）八月，皇太极拆汉军四旗为八旗，命孔有德、耿仲明、尚可喜分隶正红、正黄、镶蓝旗。

吴三桂，江苏高邮人，明原任锦州总兵吴襄之子、锦州总兵祖大寿之甥，历任游击、副将等职。吴襄因罪下狱，吴三桂升任总兵官，带兵驻守宁远城。明崇祯十五年（1642年）二月，松锦会战中明十三万军队损失大半，蓟辽总督洪承畴降清，吴三桂收集残兵败卒逃回宁远，手下兵丁增至三四万人，为明廷所倚重。清占关外各城，唯独宁远尚在明军手中。崇祯十七年（1644年）三月初六，李自成农民军已入山西，昌平兵变，京师戒严。崇祯帝封吴三桂为平西伯，命他放弃宁远，火速率兵入援京师，并起用吴襄提督京营。吴三桂接到朝廷命令后，行动迟缓，每日只行数十里。宁远至山海关仅两日路程，十六日才到，二十日至丰润，在那里吴三桂获悉农民军已攻入北京，于是他率手下军队退返山海关。清朝曾多次遗书招降吴三桂，正欲率兵进关的摄政王多尔衮向吴三桂许诺："伯若率众来归，必封以故土，晋爵藩王。"李自成亦曾派人招抚吴三桂，但因农民军的"割富济贫""追赃助饷"政策触犯了地主阶级的利益，所以吴三桂最终还是向清朝投降。同年四月，山海关一战，李自成在清军及吴三桂的联合夹击下惨遭失败，多尔衮即日"承制进三桂爵平西王"。至此，清廷所封汉族人藩王，已有4名。

顺治六年（1649年）五月，清廷封孔有德为定南王，令其率兵两万征广西；改封耿仲明为靖南王，尚可喜为平南王，令各率兵一万征广东。不久，耿仲明因隐匿逃人惧罪自杀，由其子耿继茂继承靖南王之爵。年底，孔有德占据桂林。顺治七年（1650年）冬，尚可喜攻克广州，南明桂王逃往梧州。时大西军余部李定国与桂王合作，进攻四川，吴三桂奉清廷之命进行征讨。吴军势力较强，李定国不敌转而争夺广西。顺治九年（1652年）七月，吴军攻克桂林，孔有德阵亡，其子亦亡，爵除，四藩成为三藩。顺治帝为协调西南五省力量，于十四年（1657年）部署三路进兵贵州。

顺治十五年（1658年）正月，清军攻占贵州，顺治命多罗信郡王多尼为安远靖寇大将军，代替宁南靖寇大将军宗室罗托，与其他两路乘胜进攻云南。顺治十六年（1659年）正月，三路大军攻入云南省城，南明永历帝等败走永昌府，后逃入缅甸，两广、云贵基本平定。同年三月，顺治帝根据洪承畴建议，“命平西王驻镇云南，平南王驻镇广东，靖南王驻镇四川（次年七月，改驻福建）”，“三藩”分守一方对巩固清王朝的统治起到了积极的作用。吴三桂于顺治十八年（1661年）十二月率兵入缅，擒获永历帝及其随从，并另遣总兵追击、招降巩昌王白文选。不久晋王李定国亦死，云南彻底平定。耿、尚分守闽、粤，亦曾有效地抵御郑成功的进扰。

随之而来的是“三藩”拥兵自重，势力极大。云南每年耗饷最多时达900余万，平时亦不下数百万，所以说：“天下财赋，半耗于三藩。”而且三藩各据一方，手握重兵，形同割据，对中央集权构成了极大的危害。吴三桂以功晋封亲王，总管云南、贵州二省一切事务，顺治帝谕：“凡该省文武官贤否甄别举劾，民间利弊因革兴除，及兵马钱粮一切事务，俱暂著该藩总管，奏请实行。内外各该衙门不得掣肘。”应吴三桂之请，顺治帝在给云贵督抚的上谕中，意让他们一切听凭吴三桂节制。不仅如此，吴三桂还委派部下亲信到其他地方任职，称为“西选”，“西选之官几满天下”。吴三桂还用大量钱财来结交士人，让他们为其效力。在云南的十余年时间里，吴三桂天天操练军队，制造武器，在重要的地方都派亲信驻守，而各省的提镇等官员，大多是吴三桂的心腹，为他所收买。吴三桂的儿子是清廷驸马，朝中的任何动向吴三桂都能及时地得到汇报。他向朝廷谎报说蒙古人进攻丽江、中甸等地，清廷派大军前去支援后，吴三桂又报称蒙古人已败退，挟边防以自重。耿精忠、尚可喜也跋扈异常，为害一方。

顺治十六年（1659年）正月，兵科给事中杨雍建上疏反映耿、尚二藩为害广东，要求把一藩调走，另驻他处，以缓解广东的压力。他虽然从“两藩并镇”角度提出问题，但也反映了藩镇与中央的矛盾。吏部议复此疏时认为藩王损害商民利益，应加以切责。顺治帝于是便把耿精忠调往福建，但三藩与中央的矛盾并未解决。顺治十八年（1661年）以后，三藩的危害进一步体现，清廷与三藩的矛盾在激化，因此康熙继位之后，中央即开始逐步削减三藩的权势，作撤藩的准备。

清廷的第一个措施是收缴大将军印。按清制规定，大将军拥有极大权力，都是临时性差遣，在任务完成之后将解去将军职务，将印信交还朝廷。可是吴三桂驻镇云南数载，拒不交回大将军印信。康熙二年（1663年），清廷遣内大臣，对住于京师的吴三桂子额驸吴应熊说：“过去永历帝潜逃缅甸，因边境不安，才授予你父大将军印信，这是增加其权力的需要。但现在天下早已平定，你父为何还不将大将军印交还？”吴应熊将朝廷的意思转告了吴三桂。吴三桂迫不得已，上缴了大将军印，但他心里十分不高兴。

第二，裁汰兵力。早在顺治十七年（1660年），为节约兵饷，有人就建议将云南的绿营兵裁去2/5。吴三桂借口边疆未靖，裁撤兵丁恐怕不好，于是“倡缅甸水西各役以自固”。康熙四年（1665年），各地战斗均已告结束，于是“奏裁云南省绿旗兵五千有奇”。康熙六年（1667年），左都御史王熙又奏请裁饷，疏言：“天下钱粮的大半用于支出云、贵、闽、广的兵饷。云贵地区，每年官兵的饷粮需三百万两，本省的赋税钱粮不及其所需的1/10，这势必难以长久维持下去。臣以为现在云贵均已平定，绿营兵额应裁减，即便是吴三桂藩下的兵丁也应分散派遣到他处垦屯。这样一来既可分散、削弱吴的势力，也可使兵饷得以保证。”此疏一上，康熙帝即命下部议，令平西王吴三桂及云贵的督、抚、提、镇裁减兵员，“此举节省饷粮上百万两”。

第三，严禁欺行霸市、借势扰民。康熙四年（1665年），即因兵丁严重扰民，曾密谕尚可喜：“以后将所属官兵严加约束，勿仍纵容属员，以为事发伊自受过，与己无涉，草草从事。如此久之，倘有大事，岂能委于属员？”康熙六年（1667年），王熙又上疏说：“闽、广、江西、湖广等省官员，自置货物卖给所属兵民，或指称藩下挟势横行，放债取利，省会要区遍置官商占据盘剥，致小民以贸易为生者失业。请敕部详议王公将军督抚提镇大小官员，有持己资与民争利及奸商借藩王势力横行者，严加治罪。”有旨下部，“申严禁例”。

第四，解除藩王对云贵两省事务的总管。康熙六年（1667年）五月，吴三桂以目疾请求辞去云贵两省事务。朝廷立即批准，决定“将该藩所管各项事务，照各省例，责令该督抚管理”。其大小文官，亦照各省例，由吏部任命。同年九月，吴三桂同党云贵总督卞三元及云南提督张国柱、贵州提督李本深一齐上疏请求让吴三桂总管云贵事务，并以“目前边疆叵测可虑”，威胁朝廷“收回成命”。朝廷态度非常坚定，降旨答复：“该藩以精力日为削减奏请，故照所请允行。今地方已平，若令王复理事务，恐其过劳，以致精力大损。如边疆地方遇有军机，王自应料理。”并规定，藩王属下人员不得任督抚。第二年冬，卞三元见吴三桂与朝廷矛盾日益尖锐，便寻找脱身之计，遂托言母病乞求归家奉养，朝廷准其离任“回旗养母”，另派汉军正蓝旗人甘文焜任云贵总督。甘文焜把督府驻在贵阳，他操练手下官兵，对云贵地区的山川形势详加察访，其意在牵制吴三桂，最终能取代吴三桂。

康熙十二年（1673年），平南王尚可喜年届七十，他向朝廷请示回辽东养老，同时请令其子尚之信袭封王爵，继续驻守广东。康熙见撤藩时机已到，便以广东已经平定为由，准许尚可喜全藩撤离，所属官兵仍留广州府，令广东提督管辖。康熙决定撤藩，极大地震动了吴三桂与耿精忠，他们分别于七月三日、九日提出撤藩申请，意在试探朝廷态度。康熙命议政王大臣商议，大学士索额图以兵丁往返、民驿苦累为由，主张吴三桂继续镇守云南，其实是怕吴三桂造反。康熙斟酌再三，认为吴三桂早已有谋反之心，今天撤藩他反，不撤藩他照样也要反，不如先发制人，于是康熙坚持将三藩一同撤去。同年八月，康熙分别派礼部右侍郎折尔肯、翰林院学士傅达礼前往云南，户部尚书梁清标赴广东，吏部右侍郎陈一炳往福建，会同总督、巡抚、提督，办理撤藩事宜。吴三桂见永镇云南的幻想已破灭，于是写信给平南、靖南二藩及台湾郑经，相约共同反清。十一月二十一日，吴三桂杀害拒绝叛乱的云南巡抚朱国治，扣留朝廷使臣折尔肯、傅达礼，自称“天下都招讨兵马大元帅”，蓄发易冠，打起复兴明室的旗号，起兵反清，并命马保等率军从贵州进攻湖广，王屏藩等率军由四川进窥陕西。吴三桂发动叛乱，本是统治阶级内部权力分配矛盾激化的结果，但自清兵入关以来，西南地区南明势力还有一定基础，民族矛盾还比较尖锐，吴三桂打出反清复明的旗号，客观上利用了这种情绪。因此，吴三桂揭起反旗后，滇、黔、湘、蜀等省纷纷响应。据统计，共有26名总督、巡抚、提督、总兵等地方大员参加了叛乱，其中明朝降清之武将即达20名。此外吴三桂还从云、贵土司那里征调了数万人为他卖命。同时清自入关以来，忙于征战，尚未顾及吏治之整饬，某些地区民族矛盾和阶级矛盾比较尖锐，为叛乱者利用，大大壮大了吴三桂等人的力量。因此，吴三桂造反以来，来势甚猛，滇、黔、湘、蜀纷纷响应，“东南西北，在在鼎沸”。吴军主力东侵黔湘，兵力迅速增加到14万；侧翼北攻川陕，亦不下数万人。

清廷举行议政王大臣会议、部院大臣会议，紧急商讨应对之策。许多官员已被南方叛乱的惊人发展而吓得不知所措，他们极力主张应严惩主张撤藩者，对三藩进行安抚。大学士索额图坚决主张“前议三藩当迁者，皆宜正以国法”。在人们争论不下之际，众人把目光投向了康熙帝，希望他能作出决断。

康熙帝很清楚当前的形势有多危急，但他意识到，撤藩是正确的。吴三桂等人早蓄有异志，他们图谋造反已有很长一段时间了。这时绝不能妥协，如果立场软下来，将再也控制不了吴三桂，人们也会轻视他及清朝政权。在此关头，任何妥协都将带来更为严重的后果。汉景帝杀掉主张撤藩的大臣晁错，吴王刘濞发动“七国之乱”，气焰反而更加嚣张。撤藩是皇帝的独断，因此康熙帝冷静地对群臣说道：“此出自朕意，他人何罪？朕自少时，以三藩势焰日炽，不可不撤，岂因吴三桂反叛遂诿过于人耶？”康熙如此坚定，不仅令主张撤藩的米思翰、明珠等人摆脱指责与惶恐，也使所有在廷诸臣人人敬服。康熙在如此危急的局势面前仍保持了那份惊人的冷静，他镇定自若，详细规划了对吴三桂等的作战方略。

十二月一日，吴三桂挥兵进攻贵州。贵州巡抚李本深、云南提督张国柱响应吴三桂，也扯起了叛旗。云贵总督甘文焜措手不及，无法备兵抵抗，全家自杀，贵阳陷落。在不到一个月的时间里，吴三桂兵不血刃，占据了贵州全境。他四处联系，鼓动耿精忠及尚可喜两藩反叛，还向镇守广西的孔有德的女婿孙延龄、盘踞台湾的郑经和原来自己安插在湖南、四川、陕西等地的心腹策动反叛。一时之间，南方及西北各省响应吴三桂的叛乱不断。

初十清晨，康熙帝升座太和殿，安排征讨吴三桂之事。大学士图海、索额图手捧“宁南靖冠大将军印”，授予多罗顺承郡王勒尔锦、多罗贝勒索尼，命二人指挥清军征讨云贵的叛乱。再由学士郭思海、额库礼手捧“镇守陕西安西将军、副将军”印给都统赫叶、护军统领胡礼布。康熙帝走下御座，率领在场的全体王公大臣及武将往堂子行礼，然后康熙帝亲自送出征将士出西长安门。

按康熙帝的构想，战事将被限制在云南、贵州、湖广三省展开，所以他派出两路兵马，一路赶赴荆州，一路由汉中进入四川，堵住叛军的道路，控制住战局的发展。同时下诏，将梁清标和陈一炳的部队调回，并撤除对耿、尚的撤藩令，以稳住二人，不使局势恶化。同时派人到广西授予孙延龄为“抚蛮将军”，孔有德旧将钱国安为都统，让他们固守广西，以阻止吴三桂军队对广西的攻击。当时吴三桂原来的部下在各处为官，为稳住这些人，康熙帝发下谕旨，表示继续信任他们，让他们安心工作。为表明平叛决心，康熙帝一听到吴三桂已反的消息，第一时间命令逮捕吴应熊，还下诏革去吴三桂的平西王爵位，声讨吴三桂叛国的罪行。

然而，尽管康熙帝作了全面的布置，可形势的发展变化却完全出乎他的意料。三藩之乱花了八年时间才彻底平定下去，事后他每一想到，仍觉悚然可惧。

康熙帝时刻关注着南方的战局，不断向前方调兵遣将。康熙帝命都统尼雅翰为镇南将军，率原驻沧州、顺义等十余地的满洲八旗兵驻防德州；又派兵奔赴南昌、安庆、江宁；又向四川、荆州、襄阳和江西等地增兵，然而南方的叛乱战火却越燃越烈，它的范围也越来越大。

吴三桂不到一个月时间便占据了贵州，这使他目空一切。他嘴上说拥奉“朱三太子”，但到康熙十三年（1674年）的元旦，吴三桂扯下了“复明”的帽子，自称“周王”，改年号为“昭武”。随后，吴三桂挥军进攻湖南，一路长驱直入，进逼长沙。守城的巡抚卢震弃城而逃，湖南其他地方的清军官吏也都是闻风而逃，吴三桂又是兵不血刃夺得了湖南。这时，湖北、四川有不少守将为吴三桂声势所慑，投降了吴三桂。三月十五日，襄阳总兵杨来嘉在谷城叛降；十九日，郧阳副将洪福率兵反叛，被提督佟国瑶击败。康熙帝派往增援四川的军队还在途中时，四川提督郑蛟麟、川北总兵谭弘、巡抚罗森、总兵吴之茂先后反叛，四川全省落入了吴三桂的掌握之中。叛军兵锋开始威胁陕西和湖北两地。

四川的陷落完全打乱了康熙帝的部署。在东部，康熙原指望“额附”孙延龄能守住广西，阻止吴三桂东进，但没想到吴三桂竟先于他控制了孙延龄，广西也加入了叛乱队伍中。孙延龄反叛的原因在于康熙批评他贪财横暴，残害百姓。二月二十八日，孙延龄发动兵变，将曾参劾过自己的部将都统王永年、副都统孟一茂等三十余人杀死，并将广西巡抚马雄镇逮捕，然后与吴三桂联兵夹击抵抗者。驻柳州的广西提督马雄、广西都统钱国安先后投降，广西全省又落入叛军之手。三月十六日，康熙又接到耿精忠反叛于福建的消息。

耿精忠是耿继茂的长子，顺治帝为笼络耿氏一家，将他的亲侄女、肃亲王豪格之女嫁给耿精忠。两年前，耿继茂死后，耿精忠承袭了王爵。当他知道康熙帝已批准撤藩的“请求”后，便开始密谋反叛。尽管他又收到了康熙帝不撤藩的上谕，但他并不信任康熙，他认为那是安抚他的手段，以使他不站到吴三桂的一边。一旦吴三桂失败，自己的命运仍是被撤迁。与其坐等被撤，不如随吴三桂一起与清王朝拼个你死我活。三月十五日，他于福州发动兵变，囚禁了福建总督范承漠，率部众剪掉发辫，改易汉服，自称“总统天下兵马上将军”。他派出军队四处攻掠，响应吴三桂。

康熙诗所云：“临轩重简亲藩出，军威万里风雷疾。”各路大将军的任命和出征，使清廷的力量大为增强。大将军不仅携带八旗前锋、护军、骁骑等劲旅，亲王、贝勒、贝子、旗下包衣佐领甲士及所部人众披甲者，而且可以全权统一指挥、调动其辖区将军、都统、总督、提镇等所领满洲、蒙古、汉军及绿营兵丁。康熙昭示：“所以遣王等者，非谓诸将才能不足，念诸王贝勒皆朕懿亲，指挥高度无可牵掣，守御征剿足增威重。”这一部署，大大提高了稳定战局和应付意外事变的能力，并为向叛军发起反攻和收复失地大大增加了可能性。

吴三桂叛乱，不仅带来了军事上的震动与失利，而且在人心方面也

带来了极大的变动。康熙十二年（1673年）年底，吴三桂反叛消息传到京城，北京城一夜之间发生数起失火事件，杨起隆假称朱三太子，发动起义。十三年（1674年），八旗劲旅大量派出之后，十四年（1675年）春，察哈尔蒙古和硕亲王布尔尼发动了叛乱。这些事件很快被平定下去，但康熙帝的心情极为沉重，他时刻惦念前方的战事，加之军务繁忙，日夜不得安闲。然而康熙明白自己身为一国之主，必须沉着冷静，“外则示以暇豫，每日出游景山骑射”。“经筵”“日讲”在暂停数月之后，亦照常举行，再无间断，当时有人以为皇帝毕竟年轻，在如此紧张时期竟还游山玩水，曾投帖于景山路旁：“今三孽及察哈尔叛乱，诸路征讨，当此危殆之时，何心每日出游景山？”康熙看后，置之不理，依然有节奏地工作和生活。皇帝此举，果然于稳定民心有益。事后，他才说明此中用意：“当时朕若稍有疑惧之意，则人心摇动，或致意外，未可知也。”

康熙在刚开始平叛时，即有“剿抚并用”之意。王辅臣叛降吴三桂，康熙即曾连降专敕招抚，但初期军事上处于劣势，招抚难以奏效。后来清军将王辅臣围困在平凉、固原等地，王辅臣见处境不妙，主动乞降，康熙怀疑这是王辅臣的缓兵之计，完全不予理会，双方僵持将近一年。最后，康熙见强攻不下，又转而采用招抚策略，收降王辅臣，底定三边，并因而从中总结出一条经验：“剿抚并用”。他给图海的谕旨中说：“大将军图海恭承简命，秉钺临边，即宣布恩威，剿抚并用，平凉一带，旬月绥平。”此后，康熙在各个战场上大力推行“剿抚并用”的策略，令对“叛变之人”，只要有“悔罪输诚之心”，皆可容受。

继陕西之后，康熙把福建定为另一个剿抚重点目标。康熙一向把耿精忠与吴三桂区别开来，认为他“必系一时无知，堕入狡计，与吴三桂不同，故将吴三桂子孙正法；精忠在京诸弟照旧宽容，所属官兵并未加罪”，“且吴三桂乃本身投诚之人，背恩反叛，自取灭亡；精忠祖父以来，三世受恩，四十余年，非素蓄逆谋首倡叛乱者比”。因此，在耿精忠刚叛乱之时，康熙马上遣工部郎中周襄绪偕精忠护卫陈嘉猷，带着朝廷敕令赶赴闽，传谕精忠：“果能追念累朝恩德及伊父忠荩遗言，革心悔祸投诚自首，将侵犯内地海贼速剿图功，即行赦免前罪，视之如初。”后来虽然派出大将军康亲王杰书至浙闽前线，加强对福建的军事进攻，仍不忘时常派人前往招抚。

康熙十五年（1676年）六月，因郑经占据漳州、泉州等七府，耿精忠与郑经发生矛盾，加以耿军内部军饷匮乏，士兵不断逃亡，困难很大。因此，耿精忠被迫从建昌府新城等地撤兵。清军乘机于八月二十日攻占仙霞岭，进占浦城县，建宁、延平等府不日即可攻下，福建的大局已定。康熙为尽快解除“福建问题”，谕康亲王：“以时势晓谕耿精忠早降，以副朕安辑民生至意。”九月，康亲王大军收复建宁、延平等府，耿精忠无力再战，派其子耿显祚迎康亲王军队入福州。十月初四，耿精忠亲自出城迎接康亲王杰书进入福州。康熙命耿精忠仍留靖南王爵，率领所属官兵随大军征剿叛逆，以将功补过。此后，清军又在居乡守制之侍读学士李光地协助下，在泉州击败郑经的军队。各地叛军纷纷投诚，福建、浙江相继平定。

福建的形势对广东影响很大。原来驻守广东的平南王尚可喜，自吴三桂叛乱以来，一直忠于清朝。康熙为表示嘉奖，提高尚可喜的职权，令他节制广东一省的督抚提镇，文武官员听任其选补，并晋封尚可喜为平南亲王。至康熙十五年（1676年）年初，广东形势急转直下，尚可喜染病，长子尚之信暂代理事；平南大将军尚之孝在潮州被郑经军击败，退守惠州；高州总兵祖泽清、藩属水师副将赵天元、总兵孙楷宗相继叛降吴三桂。在这种情况下，尚之信于二月二十一日，守其父府第，发动叛乱，接受吴三桂招讨大将军伪职，并将其父的谋士多光杀死，削夺了其弟尚之孝手中的兵权。两广总督金光祖与巡抚佟养钜也向吴三桂投降。康熙对广东问题有一定的思想准备，他一点也不担心尚之信的叛乱，因为他知道吴三桂不会信任尚之信，而且其内部矛盾重重。只要顺利解决福建问题，尚之信就会投降。于是，他一方面令安亲王岳乐猛攻长沙牵制吴军主力，令简亲王喇布迅速攻占吉安，既保岳乐后路，又可进剿广东；另一方面，对福建的耿精忠加紧招抚。十月，尚可喜去世。广东地方官员站在清廷一边，对尚之信的叛乱进行了坚决抵制。同月，福建耿精忠降清。而吴三桂对尚之信极不信任，虽封以亲王伪号，但又命总督董建民、巡抚冯甦加以牵制。在这种形势下，尚之信向简亲王喇布请降。喇布奏闻，康熙于十二月九日降旨免其罪，令其“相机剿贼，立功自效”。

同时，命莽依图为镇南将军，率兵进入广东接受尚之信的投降。康熙十六年（1677年）四月二十九日，莽依图到达韶州，尚之信于五月初四率省城文武官员及兵民等剃发投降。康熙命尚之信袭封平南亲王，属下将领都官复原职。同时，康亲王杰书派遣将军喇哈达、都统赖塔从福建率兵进至潮州。原潮州总兵官刘进忠、原高雷总兵官祖泽清等人也先后投诚。原两广总督金光祖发动士兵生擒董重民等，然后他向清廷上疏请求投诚，广东全部平定。康熙令将被捉住的吴三桂的伪总督董重民及其他官员，解至京师，一律释放。他对大学士等说：“叛乱之罪在吴三桂，与胁从之人无涉彼所部人员，如能悔罪投诚，概行宽免。”因此，将董重民免死释放，一同押解来京的罪人，亦俱宽释，并交与兵部，以作相应安排。

康熙十五年（1676年）五月至十六年（1677年）五月，康熙帝运用“剿抚并用”的政策在战场上取得了重大的胜利。陕西、福建、广东都相继收复，清廷从与敌相持状态开始转入反攻阶段。虽然仍有不少困难，但胜利即将到来了。

康熙十五年（1676年）九月，康熙赏给广西提督马雄之子马承先、马承霄游击头衔，命他们到广西“招抚马雄”。次年年初，康熙获悉孙延龄妻孔四贞仍然时刻怀念太皇太后的养育之恩，有意归降朝廷时，又派督捕理事官麻勒吉到简亲王军中，专门负责广西招抚事宜。但广西情况复杂，孙延龄与孔四贞及马雄之间均不和，与吴三桂也有一定矛盾，彼此戒备，都无力左右全局。至康熙十六年（1677年）冬，吴三桂见湖南形势吃紧，派其孙吴世琮及悍将马宝进兵桂林，诱杀孙延龄以巩固后方。康熙得知孙延龄被杀、马雄病死的消息后，下诏招抚他们的部众，令麻勒吉等：“仍同简亲王军偕行，以朕赦罪免死之意概行晓示。其被胁从贼之人，有悔罪投诚者，即行招抚。”在康熙的指示下，麻勒吉成功地招抚孙延龄部将刘彦明、徐洪镇、徐上远、线国安之子线成仁、马雄之子马承荫等，为广西的平定奠定了坚实的基础。

康熙十六年（1677年）六月十六日，康熙下令敕谕各省王、贝勒、大将军、将军、总督、巡抚、提督等，在湖南、四川、云南、贵州等省全面推行剿抚并用的策略，其中进一步具体申明招抚政策：“今特颁敕谕，概示招徕。凡吴三桂叛军中的文武官员兵民人等，悔改投诚一律不加追究，并给他们以恩赏。或有擒杀贼首，投献军前，及以城池兵马来归者，仍论功优叙，尔等即宣布晓谕，以体现联宽仁矜全之意。”此后，每当战事进展到关键时刻，康熙帝都发布招降敕书，由专门从事招抚的人员掌管，随时发送。

随着形势的发展，剿抚并用策略在内容上发生了新的变化。首先，对投诚官兵的安排上有了变化。初为优升职级，以原班人马投入战斗；后随着投降的人数的增多，以及战事的减少，一般尽量避免聚集一处，投降的士兵有的归乡为农，有的则被编入绿营兵。其官员则必须进京陛见，或者对其提拔任用，或者让其补缺候用。其次，后期招降的对象也发生了变化。后期集中在吴三桂手下胡国柱、夏国相、马国贵、吴应麟、郭壮图、马宝等人身上，他们是吴三桂的骨干分子。这些人是吴三桂的党羽，不是被胁从者，因而康熙帝专门降敕，让他们当中的投诚者返回南方，一为保护家小，二来可做内应。其实是招抚计与反间计相结合，使叛贼间相互怀疑，扩大他们间的矛盾，以便各个击破。再次，对降而复叛者从严处理。如：广东高州总兵官祖泽清降后又于康熙十七年（1678年）三月复叛。康熙谕兵部：“祖泽清父子兄弟向受国家恩养甚厚，以前叛变，以为他是被胁从，不得已而从贼，及既降复叛，他甘心依附贼人由此可知。罪情重大，国法难容，不许招抚，亦不许其投诚，尔部即密谕各部大将军、将军、督抚提镇等遵行。”八月，官兵大肆搜捕，将祖泽清及其子祖良楩擒获。次年二月，“俱凌迟处死，诸子家口，籍没入官”。

根据具体情况，灵活运用剿抚并用策略，表明了康熙的高度原则精神和求实态度。由于他亲自布置与指挥平叛战争，能及时把握敌情，又极为勤勉，从失误中吸取教训，从成功中总结经验，所以清王朝在康熙帝的指挥下正在迈向平叛成功之路。

## 平定叛乱，收复失地

康熙认定，平叛战争中的最主要敌人是吴三桂，湖南是主要战场。他曾说其他战场报捷“朕不为喜……‘吴三桂乃贼渠，唯破岳州、澧州方可喜耳”。因此，自战争爆发以来，康熙帝一直把主要精力投入湖南战场。

康熙始终在思考如何夺回湖南这一问题，为此他确定了一项新的作战方案，以迂回包围的策略代替在湖南战场发动正面进攻的方法。康熙认为，吴三桂长期占据岳、澧等地，主要军粮来自于长沙、衡州，只有攻下长沙，断绝吴三桂叛军的粮道，才能最终打败吴三桂。他在给岳乐的谕旨中指出了攻取长沙的重要意义：“一以断贼饷道，一以分贼兵势，一以扼广西咽喉，一以固江西门户。”而且，由于陕西发生叛乱，“川贼必通杨来嘉、洪福二贼，窥我郧襄，扰我南邓，侵我荆州后路，揆其大势，进兵湖南，断不容缓”。因此，康熙于十四年（1675年）正月二十九日命岳乐“将江西要地速行整理，稍有就绪进兵湖南”。同年九月，湖广总督蔡毓荣也提出与此相同的一套作战方案，他上疏说：“若楚省大兵由荆、岳各路前进，而江西我军亦由袁州诸路会期进攻，使贼三面受敌，首尾不能相顾，则我兵之势合而贼兵之势分，一举而战功立奏也。”而这时康熙帝的作战谕旨早已发下，且详细得多。

正如康熙所料，吴三桂企图利用王辅臣在陕西的动作，举兵进攻荆州、襄阳等地。他在长沙、醴陵、萍乡等地驻守七万大军，以挡岳乐江西之师；又分兵七万守岳、澧诸水口，扼荆、岳大兵咽喉，以抗拒江北之师；又暗地里派出兵马占据彝陵（今湖北省宜昌市）东北之镇荆山，纠王会、杨来嘉、洪福等袭击谷城、郧城、均州、南漳，以逼襄阳，并企图与西北的叛军相会。而他亲赴荆州上游之松滋，居中调度。康熙四处调兵，坚守荆襄，并命简亲王喇布带兵进驻江西，急命岳乐从江西进兵湖南。岳乐于康熙十五年（1676年）二月攻占袁州后，又收复萍乡县，开始向湖南发起进攻。至此，康熙已将六名大将军中的三名投入湖南战场。吴三桂明白此情，急忙调集18名将军、10余万兵力，死守长沙。康熙料到吴三桂将亲援长沙，而这样就会减少他在岳、澧等地的力量，所以曾命荆、岳大将军王、贝勒等“饬勒兵马，时加侦探，乘机进剿”。然而，尚善与勒尔锦分别于三月初九和三月十八日渡江之后，进展非常缓慢。勒尔锦于三月二十九日再次进攻太平街又告失败，便退兵荆州。因而使康熙皇帝失去一次收复失地的大好时机，迂回包围计划一时未能实现。康熙事后惋惜地说：“若大兵数路并进，吴逆断无如许伪将贼兵随处备设壕桩，以与大兵相抗，其灭亡可翘足而待矣。”

诸王贝勒踟蹰不前，丧失了稍纵即逝的战机，严重影响了对湖南的收复。为了改变这种被动局面，康熙在平定王辅臣之后，破例任命署前锋统领穆占为实授都统，佩征南将军印，出征湖南。穆占，满洲正黄旗人，姓纳喇氏，是叶赫贝勒金台石的后代，初任侍卫兼佐领，后以功升授满洲副都统、署前锋统领。自进入陕西与叛军作战以来，每与敌战，他都是身先士卒、勇往直前。康熙帝因而对他委以重任，并从陕西、河南、荆州等地调来精兵供他驱使，其所统之兵与安亲王岳乐的大军在数量上不相上下。这是一支机动部队，无防守之责，专门担负进攻任务，“其应设镇守官兵调遣机宜，与各将军、总督、提督等议行”。康熙对穆占寄予最大希望，出征前，特召来京，面授机宜。

穆占并没有让康熙帝失望，他排除各种干扰，统率大军奋勇杀敌。康熙十六年（1677年）二月初三，穆占率兵进抵长沙外围地区，作了将近一个月的准备工作。三月初一，穆占率所部向长沙发起猛攻。前锋部队经浴血奋战，已攻到长沙城下，后续部队也进抵长沙城下，收复长沙已指日可待。恰在这时，安亲王的军队不成队形，以武力干扰穆占军后路，不仅使穆占无法攻城，而且造成重大伤亡。吴三桂为摆脱在湖南三面被围的困境，于四月率众往衡州，派遣三万大军至湖南南部的宜章，企图向广东东昌发动攻击，并分兵侵犯江西南安州（大余），窥视两粤。康熙一面命令将军莽依图、觉罗舒恕分别守韶州（今广东省韶关市）、南安，协助湖南战场；另一方面令穆占会合简亲王喇布举兵攻打衡州、永兴，“遏贼后路，如此则可减缓粤东的压力，而粤西欲降者亦可乘间来归”。穆占领命，在击败郭应辅等、收复茶陵州及攸县之后，乘胜南取郴州、桂阳，招降桂东、兴宁、宜章、临武、兰山、嘉禾、永兴等城，吴三桂进攻广东的阴谋被打破。随着平叛战争不断地取得胜利，新收复之地增多，但简亲王一再讨价还价，只防守江西咽喉的茶陵、攸县、安仁等地，不愿分派部队驻守他处。穆占不得不把自己的兵力分散于新收复之地，自己在郴州设营，以都统宜里布驻永兴。四月，敌人进攻永兴，他遣护军统领哈克山、前锋统领硕岱赴援。六月，吴三桂集中马宝、王绪、胡国柱等优势兵力强攻永兴，战斗惨烈异常。都统宜里布、护军统领哈克山等战死，前锋统领硕岱率兵入城死守，浴血奋战，情况十分危急。康熙帝为此忧虑不安，“现于词色”。直到敌人得知吴三桂的死讯而撤去，战局才转危为安。

简亲王和穆占均不敢丢下驻地驰援永兴，事后双方相互指责。康熙则居中调解，劝他们“彼此和衷”，并对永兴失利一事进行了总结，指出：敌人大举进攻永兴，“有必死之形”，清军“兵势太分，以致失利”。他进一步概括说：“凡摧寇破城，必审量己力，可击则击之，如贼众我寡，即宜调集诸路合为一军，壮其声势，以图攻剿。倘株守新复城池，以已经驻镇，惮于旋师，迟留疑畏，于大事殊无所济。”七月初二，康熙再次重申了集中兵力作战的重要性，说：“满兵之势贵聚，聚则处处攻战始克不利满兵关系重大，利战则战，利守则守，宜合全力以破贼众。若将所复贼弃之空城固执分守，似乎不可。”对于穆占的内疚心情，康熙帝极为了解，并鼓励他：“不要因为永兴失利‘冒昧妄动’，要‘鼓舞人心，振扬军威，以图克济’。如果破贼成功，‘前罪自当涣释’。”

康熙重视广西的郁林、湖南的郴州、永兴等地，他说“今赖皇天之眷佑，祖宗之威福，群臣尽力，将士用命，前后恢复闽海、两粤，以至湖南岳阳诸处，擒斩巨魁殆尽，望风归正不可胜数，剩余之敌势如破竹，解吾民之倒悬，行有日矣”。于是，他令各路大将军、王、贝勒等：“剿抚兼施，贼有悔过投诚者，免罪叙述录用，将此恩意，概行晓谕。”正、二月间，湖南战场上出现了节节胜利的大好形势。吴三桂在长沙的部队偷偷地逃掉了，岳乐立即率部入城，并乘胜南下，恢复湘潭。察尼指挥大军进攻湘阴，湖广提督桑峨、固山贝子彰泰攻占华容、石首二县。勒尔锦派兵渡江，收复宜都、澧州、常德府等地。简亲王喇布派前锋统领希佛乘夜袭取了衡州，随后又攻占了耒阳。吴三桂的手下纷纷率众投降。

湖南既已恢复，康熙着手进兵四川、云南、贵州。他对各路大军的方位与任务作了重新部署。命勒尔锦回驻荆州，调度荆、岳、彝陵（宜昌）、襄阳等处军务，进兵湖北归州（秭归）、巴东等地，扑灭山贼，收复兴安，以配合陕西军队进占四川；察尼向辰州、沅州方向发动攻击，调度澧州以南军务，并攻占进黔要路辰龙关；岳乐向宝庆府、武冈州一线发起攻击，攻取另一进黔门户枫木岭；喇布与穆占合兵收复永州等地，并调拨精兵每佐领三四名，在希佛率领下奔赴将军莽依图军前，前去支援广西，以开辟新的入滇路线。岳乐进攻武冈枫木岭，因广西巡抚傅宏烈切断了敌人的粮道，进展顺利，八月，清军收复武冈。攻取辰州辰龙关之战较为激烈，康熙十九年（1680年）三月，清军方才攻克辰龙关，守关叛军逃窜，陈州伪知府、伪将军等率众投降。进军川、云、贵的条件成熟。

康熙十八年（1679年）年初，岳州被清军收复，湖南大局已定，清廷便决议进攻四川。以大将军图海为首的驻陕满族将领，被上次的保宁之战吓怕了，不敢出战，汉族将领宁夏提督赵良栋勇猛有谋略，毅然要求进兵四川。他于四月上疏说：“今湖南既定，宜取汉中、兴安，规四川。臣愿精选所部步骑五千，独当一路。”康熙帝览奏大喜，命令图海等人就此疏再作商议，希望图海能出兵四川。不料图海等仍采取消极拖延态度，先是强调“栈道、益门镇各口，逆贼来犯，据险为营”，不能进兵；后又借口“贼毁偏桥，无路可通，竟尔却还”。康熙对此极为气愤，他质问图海：“如此懦怯易退，何时乃得破贼？”又经一再督促，图海于八月起草一个九月初八四路进兵收复汉中、兴安的方案，亦因将领意见不一，未能贯彻执行。康熙帝面对此情此景，决定以绿旗营兵将为主，平定汉中、兴安，收复四川。

同年十月初十，康熙遣内阁学士禧佛、郎中倭黑带着皇上的敕令赴陕西，向将军张勇、王进宝，提督赵良栋、孙思克宣读皇上旨意：“各率所属绿旗兵平定汉中、兴安，恢复四川。尔等官兵前进，则满洲大兵亦即相继进剿，接运粮饷，不至匮之。”龙安府（今四川省平武县）伪总兵投降。赵良栋率绿营兵从龙安南下，于康熙十九年（1680年）正月十一日进抵成都二十里铺，伪巡抚率众迎降，成都克复。康熙奖其功，提升赵良栋为云贵总督，加兵部尚书，仍领将军。赵良栋分遣游击治国用等收复雅州府、象岭、建昌诸卫，又向东攻占叙州，平定纳溪、永宁诸县。与此同时，王进宝于正月十三日经过激战占领了保宁府（今四川省阆中县），敌守将王屏藩自杀，伪将军吴之茂被擒获。正月十八日，又收复顺庆府（今四川省南充市）。在赵、王胜利进军中，康熙派建威将军吴丹、将军鄂克济哈率领满兵，作王进宝、赵良栋的后续部队，“转饷源源不绝，相随而行”。汉将自成一军，仅用三个月时间就收复了四川绝大部分地区。

在四川战场上，康熙帝之所以重用绿营汉兵，实在是与满军将领不得力、无法打开局面有重大关系，并非根本改变“满汉合兵”制。因此，在进兵云贵前夕，他又按“满汉合兵”制作了军事部署。康熙十九年（1680

年）二月初一，为迅速收复云贵，康熙帝重新安排四川战守，将五路进兵合为一路，命“将军吴丹、鄂克济哈与赵良栋等同进取吴丹、鄂克济哈于顺承郡王军中，简精锐马兵，将之前行”。在四川战场上吴丹实际上成了主帅，赵良栋反而退居第二位，王进宝以“疾病”为理由请罢。康熙命王进宝回固原治病，由其子王用予暂时统率其部队，驻扎保宁，进剿云贵时随军前进。

康熙二十年（1681年）正月初一，在平定两广之后，赖塔从广西最西部的西隆州出发，击败何继祖，攻占石门坎隘口，恢复安隆所。二月初二，在贵州西南的黄草坝，赖塔又击败詹养的两万部队，打通了进入云南的门户。二月十二日，赖塔收复云南曲靖府。十五日，从曲靖府起行，相继收复马龙州、易龙所。十六日，收复杨林城、嵩明州，进抵云南首府昆明。这条从广西出发经黄草坝的进滇路线，正巧是当年清军追赶南明永历帝所走过的道路。赖塔谨遵谕旨，取得辉煌的战功，康熙对此极为满意，曾说：“平定云南，赖塔之功最大。”继赖塔之后，一直观望不前的贝子彰泰，也率部向昆明挺进。两路大军在归化寺安营，于二月十一日大败出城作战的吴军万余人，然后进围昆明。云南、贵州的少数民族痛恨吴三桂的暴政，对康熙帝优待少数民族的政策极为欢迎，大力支援清军，协助解决军饷，推动了胜利的早日到来。康熙特嘱大将军贝子彰泰，奖励各族，“毋致有误军饷”。

在四川方面，康熙重新起用王进宝，命他“驰赴保宁，兼守汉中”，以平息谭弘父子的骚扰，并将满洲将军吴丹和鄂克济哈调离，代之以署西安将军佛尼勒为建威将军，调遣永宁一路，以都统觉罗纪哈里为宣威将军，调遣建昌一路。康熙令其驰赴赵良栋军前“会商剿贼”，力争将吴军伪将马宝、胡国柱、夏国相等就地消灭，防其归援云南。当康熙得知胡国柱等逃遁消息之后，于三日二十日急令将军佛尼勒、赵良栋等：“于接到命令之日起，即各统官兵速行蹑击，勿令得援云南。”赵良栋从三月起“追剿胡国柱于观音崖”，五月，收复泸州、叙州（宜宾市）、永宁（叙永）。七月，攻占西昌，乘胜渡金沙江，进入云南武定州继续追剿。胡国柱一路逃窜，在无路可逃的情况下自杀。马宝逃至姚安，向清军投降。夏国相逃至广南，也因无路可逃而投降。赵良栋完成追剿任务之后，于九月率宁夏兵进抵昆明。至此，广西、贵州、四川三路进滇之势已成。

十月初八，彰泰等遵照康熙帝的指示进抵昆明城下驻扎下来，随后开始了全力攻城。二十日，会议令赵良栋破南坝之贼，取双塔。赵良栋于二十二日夜指挥军队，亲冒矢石，攻占南坝，夺取玉皇阁，进逼新桥。敌人死守新桥。赵良栋伏马兵于南坝两岸，分步兵为三队，营壕墙外，持大刀督阵。二十五日夜二鼓，攻桥，双方展开了殊死搏斗。伪国公郭壮图亲搏战，三进壕墙，而清军伏兵也三次冲出击杀敌人，贼败走，赵良栋夺桥追至三市街。贼兵见清兵猛勇，人心始乱。这时，彰泰令诸军悉进，在桂花寺大败吴军。二十八日夜，吴三桂的孙子吴世璠、郭壮图及其子郭宗汾自杀。二十九日，伪将军线绒等率众出城投降。

至此，为时八载的平叛战争胜利宣告结束。康熙帝接到捷报后，激动不已，挥笔写下《滇平》诗，以“回思几载焦劳意，此日方同万国欢”之句，抒发他长期辛劳获胜后的喜悦心情。

八年平叛战争，是清朝统治阶级内部分配权力的斗争，是中央政府与地方割据势力之间的殊死斗争。在平叛过程中，康熙帝进行了正确的指挥。为了及时了解前方情况，康熙帝特别命令兵部于原有的驿站之外，特设笔帖式驰报军情，每四百里设笔帖式一员，拔什库一名，担任汇报军情工作，有了笔帖式，清廷的前线战况及皇帝的谕旨均可在一昼夜间送达千里以外的地方，发挥了使用畜力交通的最高效能。另外，为平叛，康熙帝还提高了绿营兵的地位，提拔重用汉族人将领。如果没有汉兵参加，平定三藩是不可能的。相反，吴三桂虽然打着反清复明的旗号，但由于他与其他藩王对境内人民残酷剥削和压迫遭到人民反对。吴三桂迎清兵入关追杀永历帝早已遭到汉族人的唾弃，之后又出尔反尔，所以根本得不到任何同情，加上内部矛盾重重，军纪败坏，失败是不可避免的。

康熙平定三藩之乱，是清朝前期的重大事件。三藩平定，康熙将官吏选任大权收归中央，划一军队编制，原来各自独立的吴、耿、尚、孔等部队，除吴部调往边境驻防外，其他均编入八旗，同时于荆州、福州、广州增设八旗驻防，广西、云南派驻绿营兵。清朝中央统治的权力得以集中和加强，清王朝进一步实现了国家的统一。另外，将三藩财产没收归官，充作军饷，清除滇、粤、闽等地方积弊，为清朝整顿边区、巩固疆域创造了有利条件，并为社会经济的恢复奠定了坚实的基础。

## 招降失败，出兵台湾

康熙帝即位同年——顺治十八年（1661年）的二月至十二月，郑成功命其子郑经留守金门、厦门等地，他亲自指挥大军进攻台湾，赶走了荷兰殖民者，收复了台湾，是为中国在历史上立下不朽功勋的人。但由于郑氏政权坚持抗清立场，遂成为清王朝的心腹大患。康熙继位以来，一直以收复台湾为己任，为此，他采取了种种措施。其策略总的来说是剿抚并用，但前后期有所不同：康熙二十年（1681年）六月以前，以抚为主；以后则以剿为主。

清对郑氏采取以抚为主策略，是由多种因素决定。首先从清朝自身看，陆军强大而水师薄弱。到顺治十八年（1661年）年底，清廷依靠强悍的八旗兵和为数众多的绿营兵，统一了大陆，平定了中原，但对盘踞于海岛的郑氏则一直无能为力。顺治年间，连年征战，军费支出浩大，国家财政极为困难。大陆初步实现统一之后，迫切需要休养生息，发展水师一时还提不上日程；并且清廷不信任那些脱离郑氏集团而向清廷投诚者，所以也无意充分发挥他们的作用。清廷对郑氏的战略基点不是主动进击，而是消极防御。

顺治十七年（1660年）九月，顺治帝批准福建总督李玄泰建议，开始了迁海政策。次年六月，海澄公黄梧又献消灭郑氏集团的五条策略。其中第一、二两条即是迁界、禁海，议将“山东、江、浙、闽、粤沿海居民尽徙入内地，设立边界，布置防守”，以防沿海百姓与郑氏集团接触勾结；“将所有沿海船只悉行烧毁，寸板不许下。凡溪河，竖桩栅。货物不许越界，时刻瞭望，违者死无赦。如此半载，海贼船只无可修葺，自然朽烂；贼人马众多，如果没有充足的粮草供应，其势力自然会瓦解。此所谓不用战而坐看其死也”。清廷立即采纳，从七八月开始，在江、浙、闽、粤等省进行了大规模的迁界与禁海，分别下令将各省沿海居民内迁三五十里，设界防守，不许人民越界下海。

迁界和禁海，目的在于割断郑氏与大陆之联系，使其失去接济，出现暂时的困难，但它除了使一部分人产生动摇而投降清朝外，并无太大作用，并未如黄梧所料，半年之内即可置敌人于死地。而清廷因迁界、禁海也蒙受了巨大的损失：沿海各省大片良田荒芜，国家税收减少，对外贸易停顿，百姓背井离乡。将沿海岛屿迁空，正好使郑氏船只自由出没，买通守边士兵后，他们照样可以得到所需的物资。因此，迁界与禁海是清廷在不得已情况下采取的防御措施，而且未达到预期目的。

稍后，郑氏内部出现矛盾，为清廷推行剿抚策略提供了有利的机会。康熙元年（1662年）五月初八，郑成功于台湾病逝。台湾事务暂由其弟郑世袭管理，郑世袭因受人挑拨，想掌握整个郑氏集团。而郑成功死后，其子郑经即在厦门继承父位，从此叔侄二人势同水火，诸将互相猜疑，人心动摇。清福建总督李率泰、靖南王耿继茂乘机于七八月间遣效用总兵林忠等前往厦门，致书郑经，对其进行招抚，这是清廷对郑经的第一次招抚。郑经本无和谈诚意，只因其退路台湾已被其叔占据，如果断然拒绝清朝和议，“则指日加兵，内外受困，岂不危哉？不如暂借招抚为由，苟延岁月，俟余整旅东平，再作区处”。于是他假意与清谈判，并上缴明朝敕命、公伯爵印及所缴获的清朝各州县印和海上军民土地清册，以换取清朝信任。次年五月，在内部矛盾平息后，郑经“请如琉球、朝鲜例，不登岸、不剃发易衣冠”，拒绝招抚，和谈因而失败。康熙二年（1663年）十月，清军攻克厦门、金门，郑经退守铜山。清廷于是又派人去招抚郑经，郑经仍要求按照朝鲜藩国待遇，甚至表示：“若欲削发登岸，虽死不允。”

清廷并未因郑经对招抚的拒绝而动摇其政策。康熙二年（1663年）六月，郑经用计杀害支持郑世袭的郑泰，郑泰之弟建平侯郑鸣骏于是带领郑泰子永胜伯郑绪昌及大小文武官四百余员、船三百余号、众万余人，从金门驶入泉州港投降清朝。十月，清兵三路攻厦门、金门，开始时郑军获胜，但很快被击败。尽管泉州一路击杀了清军提督马得功，但因郑经派去防守高崎陆路的将领陈异秘密降清，使清海澄公黄梧、水师提督施琅得以从海澄顺利攻占厦门，郑经只得退守铜山。铜山郑军在清廷的招抚政策下土崩瓦解了，“各镇纷纷离叛，日报无宁晷”。

康熙三年（1664年）三月初六，清兵进攻铜山之前，有“伪威远将军翁求多率兵民六万余人纳款”。在三月十四日，又有“伪永安侯黄廷、伪都督余宽等，率伪官兵并家属人等三万二千四百余名出降”，郑经仅率数十只战船，乘风逃到台湾，他安排断后的两员大将周敛武、黄廷也向清廷投降了。至此，郑氏沿海据点被清廷一一拔除。据管理福建安辑投诚事务户部郎中赍岱于康熙三年（1664年）七月疏报：“自康熙元年至三年（1662—1664年）止，合计投诚文武官三千九百八十五员，食粮兵四万九百六十二名，归农官弁兵民六万四千二百三十名口，眷属人役六万三千余名口，大小船九百余只。”此后，从台湾、澎湖两地逃奔大陆的不计其数。如：康熙三年（1664年）十月，台湾商人兰英“带货物投诚”；康熙四年（1665年）十月，台湾伪左都督朱英自澎湖率众投诚；康熙五年（1666年）七月，台湾“伪都督李顺自澎湖来到浙江洋面，率伪官兵船进关投诚”。

对台湾投诚来的官兵，清廷给他们作了适当的安置，同来其余大小文武官亦分别授职。封周全斌承恩伯，黄廷慕恩伯，朱英被任命左都督；授其属下都督佥事翁贵等四人、总兵陈琦等三人并为都督佥事，其副将、参将、游击等，均仍任原职，“并给全俸，赏赉有差”。有的降者仍在前线领兵作战。如康熙五年（1666年）十一月，向清廷投降的杨富被任命为浙江水师右路总兵官。投诚武官中有人适合并愿为文职，康熙应允兵部题请，并令地方督抚察明之后具题斟酌使用。郑氏亲族来降者，予以优待。郑成功亲弟左都督郑世袭降后，不仅授予精奇尼哈番世职，给全俸，而且还将郑芝龙已被没收的田产发还给他。

对于台湾问题，由于荷兰殖民者的贪婪与野心，清王朝决定自己去解决它。荷兰人自被郑成功从台湾驱逐后，并不甘心失败，欲借郑成功逝世、郑氏内部混乱之际与清廷联合夺取台湾，并取得与中国“自由贸易”特权。为达到此目的，在康熙元年、二年（1662年、1663年），荷兰殖民者一再派遣舰队，打着“支援大清国”的旗帜，抵达福建沿海。恰值清、郑第一次和谈破裂，清廷便想借助荷兰海军的力量，消灭郑氏沿海据点，于康熙二年（1663年）十月清、荷组成联军，进攻厦门、金门。金、厦战后，清、荷双方产生严重分歧。清廷招抚铜山，同时也准备武力攻取，“邀荷兰船助剿”；荷兰人拒绝助剿铜山，主张立即进取台湾，企图将台湾据为己有，荷兰殖民者的狼子野心此时暴露了出来。靖南王耿继茂在奏疏中提醒说：“外夷禀性贪利，察其来意，一则欲取台湾，二则以图通商。”因此，清廷赏赐给荷兰人缎匹、银两，并准其定期来华贸易，以此作为对其助攻金、厦的回报。但是，康熙对荷兰时刻保持警惕，当其推托不前时，康熙便断然下令：规取厦门、金门，迅速扫平海寇，“不必专候荷兰舟师”。荷兰人见目的难以达到，便丧失了联合攻台的兴趣。从此，清、荷双方未再进行合作。

康熙三年（1664年）七月，清廷收复铜山，欲乘胜一举收复台湾，于是任命福建提督水师总兵官施琅为靖海将军，以承恩伯周全斌、太子少师左都督杨富为副将，以左都督林顺、何义等为佐，命他们“统领水师，前往征剿”，并告诫部下说：“凡事会议酌行，勿谓自知，罔听众言。”施琅，福建晋江人，原为明总兵郑芝龙部下左冲锋，顺治三年（1646年）十一月，随郑芝龙降清，参与平定广东之役。因他拒绝抗清，其父施大宣，弟施显及子一、侄一皆被郑成功戕害。康熙元年（1662年），施琅升任福建水师提督。他自幼生长海上，深悉水性及郑氏情形，一贯主张以武力消灭郑氏，攻取台湾。这次清廷第一次出兵台湾，主要将领均由郑氏集团投诚的人充任，并无荷兰人参加，这是一个突破。康熙三年（1664年）十一月、四年（1665年）三月和四月，施琅、周全斌等三次进攻，都因遭台风袭击而被迫中途返回。据档案记载，当时经过多方核实，确实遭遇台风。但实际上这次进兵受挫，主要并非由于天灾，而在人事。因为这些将领都有着丰富的海上经验，如果他们之间以及他们与清政府之间确实能精诚合作，台风是完全可以避开的。后来施琅提到这次征台失败的原因时，主要强调“人谋亦未允臧”。因为“投诚官兵，眷口多在彼处”，所以，他投鼠忌器，不敢太过认真；并由于他们临时凑在一起，未经选拔和训练，各部参差不一，号令不一；且将领无决策之权，“奉有成命，勉应击楫”。可见这几次出兵，准备是很不充分的。在武力攻取条件不成熟的情况下，或求助荷兰人，允许他们占有台湾，或与郑经对话，以求和平解决，二者必居其一。对于前者康熙帝断然拒绝予以考虑，选择后者，则体现了与民休息和排除外国干涉、独立处理国事的思想。

康熙六年（1667年）五月，清廷派遣福建招抚总兵官孔元章，携带郑经舅父亲笔书到达台湾，对郑经进行招抚，提出沿海地方与台湾通商，郑氏称臣纳贡，并遣子入京为质三项要求。郑经厚待孔元章，但对招抚一事却严加拒绝。

孔元章于八月二十六日至十月二十五日再次赴台和谈，双方各执己见，仍未达成任何协议。

郑经的冥顽不灵引起了福建水师提督施琅的不满，他于十一月二十四日上疏，建议“乘便进取，以杜后患”，并就选练士兵、筹集船饷、前线指挥、攻战机宜等重大问题提出看法和主张。翌年正月初十，康熙降旨：“渡海进剿台湾逆贼，关系重大，不便遥定。著提督施琅作速来京，面行奏明自己的意见，以便定夺。”四月，施琅进京陛见，再上《尽陈所见疏》，对用武力统一台湾的必要性与可能性做了详细论述。后来历史证明，施琅这些意见都很正确，但因当时条件尚未成熟，暂时无法实行。主要是清、郑对峙以来，五省迁界，大量驻军，连年征战，东南地区生产完全遭到破坏，人民陷入水深火热之中。因此，自郑经东渡，大规模战事基本停止，广大人民迫切要求废除禁海令，裁去驻军，以减轻人民负担。对于撤军问题，清廷已在考虑，只是等待有利时机。早在康熙五年（1666年）正月，福建总督李率泰即在遗奏中说："闽海余氛，远窜台湾，奉旨撤兵，与民休息，洵为至计。唯是将众兵繁，若撤之太骤，不无惊惶；太迟，又恐贻患。"并且，朝廷仍寄很大希望于和平统一台湾，为防止干扰，促其早日实现，而宁愿将武力解决这一途径暂行搁置，以进一步推行以抚为主的方针。于是，清廷否定施琅建议，裁撤福建水师提督员缺，将水师战船全部焚毁，次第催拨海上投诚官兵到外省垦荒，授施琅为内大臣，编入汉军镶黄旗，留于京师。同时"严戍守界，不复以台湾为意"。

康熙八年（1669年）六月，在铲除了鳌拜集团后，康熙帝命刑部尚书明珠、兵部侍郎蔡毓荣到福建，与靖南王耿继茂、总督祖泽沛齐集泉州府，商议招抚台湾办法，旋派太常寺卿慕天颜、都督佥事李佺，带着康熙诏书及明珠信件，往台湾招抚郑经。七月初六日，慕天颜等人到达台湾，郑经虽礼待二使，但不肯接诏，他表示："苟能照朝鲜事例，不削发，称臣纳贡，尊事大之意，则可矣。"住十余日，双方仍未能达成一致。郑经派礼官叶亨、刑官柯平随慕天颜往泉州，继续谈判，试探"免剃发不登岸""照朝鲜例入贡"的可能性。对郑经的态度，康熙帝于八月敕谕明珠、蔡毓荣等："若郑经留恋台湾，不忍抛弃，亦可任从其便；至于，

‘比朝鲜，不剃发，愿进贡投诚’之说，不便允从。朝鲜系从来未为中国所有的外国，郑经乃中国之人，若因住居台湾不行剃发，则其归顺的诚意何在？今命内弘文院学士多诺前往，尔等会同靖南王耿继茂及总督、巡抚、提督等，传谕郑经来使，再差官同往彼地宣示：果遵制剃发归顺，高爵厚禄朕不惜封赏，即台湾之地亦从彼意，允其居住。”至此，为实现台湾的和平统一，康熙帝做出了重大让步，表示了最大的诚意。

慕天颜等奉命再往台湾，指出称臣而不剃发于情理不通，劝郑经遵制削发。明珠等在信中写道：“夫称臣纳贡，既已遵国制，定君臣之义，就同父子一般。从无父子而异其衣冠，岂可君臣而别其章服！此剃发一事，所当一意仰从，无容犹豫者也。”慕天颜当面劝说：“今既欣然称臣，又欲别其衣冠制度，此古来所未曾有。”但郑经仍顽固坚持：“苟能如朝鲜例，则敢从议若欲削发，至死不易。”根据慕天颜的汇报，明珠知道郑经是依恃台湾有海峡作为屏障，拒不应诏，遂同蔡毓荣进京复命。自康熙元年至八年（1662—1669年），清、郑共进行四次会谈。唯有这次是皇帝亲自降谕，委派重臣，指授方略，对郑经的无耻谰言进行批驳，充分显示了康熙机智、敏捷和处理国事的卓越才能。

康熙十二年（1673年）八月，耿精忠向康熙帝上疏奏请撤藩，康熙帝立即允准并派钦使到福州协助办理撤藩事宜。耿精忠一见同意其撤藩的上谕，便马上与亲信密谋叛乱。此时他想到了占据台湾的郑经，如果能说动郑经参与他的反叛活动，无疑会大大增加他的声势。

于是耿精忠派了一个叫黄镛的漳浦人给郑经送了一封书信，在信中，耿精忠大加奉承，并煽动郑经：“孤忠海外，奉正朔而存继述；奋威中

原，举大义以应天人。速整征帆，同正今日疆土；仰冀会师，共成万世勋业。”郑经对此大喜过望，总算又有了重返大陆的机会了。

郑经立即整船兴师，可耿精忠当时还在准备和观望，郑经只得在澎湖一带屯兵，静等局势的变化。吴三桂反叛后，康熙帝曾发上谕停撤耿、尚两藩，耿精忠又赶紧派黄镛二次到澎湖，让郑经停止进兵，恰逢岛内有事，郑经便又转回台湾。康熙十三年（1674年）三月，耿精忠揭起反叛大旗，于是派黄镛第三次到台湾，让郑经率领台闽全部水师，攻取江浙。

郑经统率几乎全部水军渡海到厦门。这时耿精忠已率主力北上争夺江西和浙江，沿海一带几乎没有兵丁布防，郑经趁机在广东、福建沿海抢占地盘，抢占了原属耿精忠的泉州、漳州、汀州、兴化、邵武等府和属尚可喜镇守的潮州、惠州二府及广州所属一些州县，并将抢掠所获不断运往台湾。此情形对耿精忠而言无异于引狼入室，他极为恼怒，多次与郑经发生冲突。耿精忠也不再北上，郑经更没执行吴三桂让他率舟师攻南京或天津的指令。叛乱各部各怀鬼胎，钩心斗角，反而使得康熙帝抓住了机会，急命康亲王杰书赴浙江猛攻耿精忠，并指示当时的福建总督郎廷佐利用耿、郑之间的矛盾，仍招抚郑经。康熙十五年（1676年）十月，当清军自浙江攻入福建，耿精忠两面受夹击，进退失据，他不得已投降清军，并与清军合兵一处来攻打郑经，结果只用了几个月的时间，清军便收复福建各地，郑经只得又退守厦门等沿海岛屿。

如果说康熙帝在三藩之乱前确实打算用和平手段统一海峡两岸，当三藩之乱时他考虑更多的只能是如何对郑经加以安抚，使其不致增加麻烦。他的主要注意力是吴三桂，招抚任何反叛力量均是出于军事上的需要，是一种策略。康熙帝在康熙十六年（1677年）时，更关注的是广西、广东和湖广方面合围吴三桂，福建方面已交给康亲王杰书镇守。杰书虽有心彻底击败郑经，但是满洲八旗不习水战，虽厦门等岛屿近在咫尺，杰书也徒唤奈何。五月，他派遣佥事道朱麟、庄庆祚到厦门招抚郑经。郑经仍然坚持说，只有照朝鲜例，才能同意，并在回信中说：准备率一旅之师“向中原共逐鹿”。杰书见到郑经的狂妄之语，不禁大怒，便下令各府州县，备造战船，准备进剿。就在此时，漳州人蔡寅诈称“朱三太子”，聚众造反，数万人向南靖、长泰、同安等县发起攻击，声势很大，杰书出海的计划被搁浅了。

这年秋天，杰书再派泉州知府张仲举、兴化知府卞永誉等再往厦门，说郑经如果退出沿海各岛，可以照郑经期望的“以朝鲜事例称臣纳贡”向皇帝题请。郑经的手下冯锡范却无理提出：清廷要想息兵安民，各守海岛，必须以漳、泉、惠、潮四府作为台湾的粮饷基地。杰书擅作主张，以为如果申明利害，郑经有退回台湾的可能，于是再派监生吴公鸿去厦门送信：提醒郑经要审时度势，不要太狂妄，“要地请饷”。结果冯锡范仍坚持：“苟以生民为念，边所海岛悉为我有，资给粮饷，则罢兵息民。”康亲王杰书虽放宽了招抚的条件，郑经的要求反而更加离谱，康熙帝是否接受杰书的让步尚未可知。至此，郑经的意向已昭然若揭。康熙十七年（1678年）正月，康亲王杰书向康熙帝报告说：“郑锦（即郑经）无降意。”康熙帝批示：“郑锦虽无降意，其附逆人民有革心向化者，大将军康亲王仍随宜招抚。”后来的事实证明，康熙帝的这一决策有很大的可行性，而推行这一策略的是杰书荐举的姚启圣，他后来成了福建总督。

姚启圣原为浙江会稽人，后隶籍汉军镶红旗。康熙二年（1663年），以举人出任广东香山（今中山县）知县。因有人参劾平南王尚可喜而受牵连被革职。三藩叛乱后，他投充到康亲王杰书门下，为他出谋划策，深受杰书的倚重，不久被杰书推荐为署福建布政使。当杰书与郑经和谈失败后，郑经突然袭击清军，派手下大将刘国轩于康熙十七年（1678年）二月初十率主力猛攻漳州，并围海澄（今龙海），清军措手不及，接连吃败仗。康亲王杰书认为时任总督的郎廷相指挥无能，便令郎廷相单骑入京，同时推荐姚启圣出任福建总督。康熙帝也以为郎廷相软弱无能而导致丧师失地，马上将其革职，批准了对姚启圣的提升。

五月初五下午，九龙江口战船林立，鏖战近两个月的海澄攻防战激战正酣，外城正受到刘国轩军的猛烈攻击，姚启圣等清军满汉步卒却无能为力，只能在笔架山等处，扎下营寨固守。副都统穆赫林、陆路提督段应举自杀，海城总兵黄蓝下落不明。攻陷海澄后，刘国轩与另一郑军将领吴淑分兵北进，攻占同安，围泉州，并派部将先后攻占南安、安溪、惠安、永春、德化数县及长泰、漳平等地。

清军将领对福建形势的恶化和刘国轩的凶猛攻击都感到恐惧和不安，可姚启圣却暗暗高兴。他认为刘国轩不攻漳州，是“舍近图远，弃瑕攻坚”，已无力攻下漳州。当州县被攻占后，姚启圣更有了克敌的信心，他对部下说：“贼兵不过三万，虑其聚而势雄。今既得诸邑，必当分众把守。众分，则势弱；势弱，则破之易也。”果然，刘国轩很快就陷入了困境。为了镇守各地，刘国轩在当地征兵驻防，但为防止这些士兵逃亡，他将新兵家属强行迁往台湾，结果惹得当地百姓怨声载道。加之泉州之久攻不下，郑军不停地向当地人民征派军需，人民的反抗情绪极浓。当康熙帝看到姚启圣的破敌之策后，高兴地对群臣说：“闽督今得人，贼且平矣！”对他表示了充分的信任和支持。

至八月，泉州已被围近两个月，形势危急，姚启圣组织数路兵马增援泉州，刘国轩抵挡不住，二十三日撤围退往长泰死守，谁知耿精忠也指挥大军向郑军发起猛攻，郑军大败，奔逃到九龙江云英渡一带，因无船渡河，万余人被淹死。“旗帜盔甲，布幔辎重，弃满山野”。刘国轩在长泰失利后，率军队退到海澄一带，深壕高垒，坚守不出。姚启圣派人前往厦门招抚郑经，劝其“解甲释兵，纵数千万子弟尽还耕渔之乐；身享裂土分王之荣”。郑经表示他接受招抚的条件仍旧是驻守沿海岛屿，征饷四府，且“海澄为厦门门户，不肯让还”。姚启圣再派人议抚，郑经再度拒绝。姚启圣奏准康熙帝，于康熙十八年（1679年）正月，将整个福建沿海的百姓再次内迁，或十里，或二十里，在近水险要之地添设炮台，稽查防范。

尽管如此，但郑军仍据着海澄，严重威胁着福建，这令姚启圣坐卧不安。这时一个投诚官员黄性震向他建议道：“倘能高位厚禄，收买人心，不用干戈，立可收其绩效。”姚启圣闻听之后大喜。因此，将漳州卫改为“修来馆”，由黄性震管理，招降郑军兵民、对来降的文武官员仍以原官职衔使用。兵民如头发全长者，每人赏银五十两；头发短者，每人赏银二十两。“愿入伍

施琅画像

者，立拨在营，给以战饷；愿归农者，立送回籍，饬府县安插，不许豪强欺凌，宿怨报仇”。此政策推行后，由台湾等地来降的军民络绎不绝。仅康熙十七年（1678年）下半年到十八年（1679年）年初，便招降郑军文武官员1600余名，士兵23700余人，郑经军中有不少总兵级的高官都投降了清朝。这无疑使郑经对部下产生了不信任感，军中猜疑之风甚行，以致军心涣散，士气土崩瓦解。康熙十八年（1679年）五月，清军进行小规模出击，被刘国轩击败。康亲王杰书又自作主张派人与郑经议和，他同意郑经可照朝鲜事例，不剃发。但冯锡范仍加两项条件：把海澄留为往来公所，每年给台湾提供饷银六万两。杰书对此打算接受，但考虑到事关重大，不敢自作主张，经福州顺路到漳州见姚启圣征求意见。姚启圣见郑经仍是老一套论调，当即回绝说：“寸土属王，谁敢将版图封疆，轻议作公所？”并指明康熙帝从未作出允许这样处理的决定。但姚启圣已深知郑经不会投降，便加紧了招抚和瓦解郑军的工作，一面加速建造舰船，一面选拔熟悉水战的得力将领，准备收复海澄、金门、厦门等所有沿海岛屿。

当时，福建水师提督空缺，姚启圣反复衡量后认为唯有施琅能当此大任，于是他便向康熙帝举荐施琅做福建水师提督，康熙帝却并未同意。康熙先是任命镇江将军王之鼎为福建水师提督，以为他曾任漳浦总兵，熟悉福建的情况。可王之鼎由于不知水战，到任后一再请求辞职。于是康熙帝只得将他改调为四川提督，同时升湖广岳州总兵万正色为福建水师提督。万正色到福建后加紧督造战船，训练水军，准备同郑经的军队作战。

在清军调兵遣将的同时，郑军投诚者日见增多，到康熙十八年（1679年）十月，郑军中已是人心惶惶，“有识者知其将亡也”。十一月，郑军骁将吴淑在守城时，被城墙压死，郑经和刘国轩均认为这是不祥之兆。康熙十九年（1680年）二月，郑军得到情报：万正色自福州率清军水师进攻郑军。

郑经派林升为水师提督，率江胜、朱天贵等将带领水军北上抵御万正色；刘国轩则在陆上布置防御，对付姚启圣所率满、汉各路大军的进攻。郑经以为可以稳操胜券，结果林升所率水军在海坛与万正色稍有接仗，便找不到地方停船，一直退往金门料罗湾。这一下使郑经大为恐慌，而与此同时，清军正从陆上向郑军扑杀过来。郑经连令刘国轩退军。刘国轩接到退军令，只得将海澄等陆上防兵撤回，清军迅速地占领了郑军失去防守的据点。从二十五日到二十七日仅3天，清军便占领了郑军经营的19个营寨以及海澄城。二十七日中午，厦门“全岛人民鼎沸，携男挈女，各自逃窜，莫能禁遏”。郑经见势不妙，急令撤回台湾。在内乱中，几个欲投诚献功的水军官员差点将郑经擒住。“其百姓无船可渡者，遍满海滩。号啕之声，与澎湃相和焉！甚至惨遭掳掠，情极赴水者，难以指数”。第二天，姚启圣率领清兵登上厦门，安抚百姓。接着朱天贵率文武官员600余人、精锐水师两万余人、战舰300艘在铜山投降了清军。到此，沿海诸岛平定。

郑经等只带了千余人逃窜，他无颜回台湾，在澎湖居留数日后，才被儿子接回。数年的闽海争夺，郑经以大败而归，损失了大量的军队。不久后，康熙帝终于平定三藩之乱，郑经不仅再也没有实力和机会反攻大陆，而且台湾岛内也发生了严重的危机，康熙帝收复台湾的日子已为时不远了。

由于郑经多次拒绝招降，康熙帝便积极进行武力攻取的准备。康熙

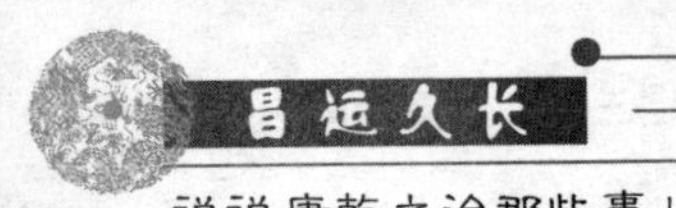


十八年（1679年）正月，康熙恢复福建水师，调镇江将军伯王之鼎为福建水师提督。王之鼎以未经水战，海岛不熟，恐误封疆，有负朝廷为由，多次上疏请求朝廷免去其水师提督一职。因而，于同年四月改调王之鼎为四川提督，提升湖广岳州水师总兵官万正色为福建水师提督，统辖全闽水师营务，以专职掌。万正色，字中庵，福建晋江人，也系投诚之人，后改姓黄，驻防山东。由于在平叛战争中立有战功，任陕西云安镇左营游击。在朝天关一战中，击杀吴三桂叛军千余人。被困于盘龙山时，万正色率众人杀出重围，敌人闻其勇猛而称他为“黄大刀”。出任山西平鲁卫参将时，他又改回万姓。后调任湖广岳州水师总兵官，在洞庭湖荡平贼寇，功劳颇大。康熙帝见湖广战场收复岳州后，水师并非急需，于是将万正色调往福建任水师提督，准带岳州全部鸟船和水手，并从江南、浙江“选战舰百艘携往”，以加强福建水师；又调拨1.4万人充实水师实力，令将湖广所有西洋炮20具调拨福建，“用资剿御”。

万正色到任后，即积极筹备攻取金、厦，至康熙十九年（1680年）二月，万正色见时机已到，立即发兵进攻金、厦等地。姚启圣见无法阻拦，积极予以策应。于是，遣将渡海，先克海坛，随后又攻占金门、厦门，并在铜山招降朱天贵。康熙帝认为，进剿金、厦事宜，系提督万正色首先题请，“自当从优议叙”，但总督姚启圣对此全力支持，“可仍著议叙”。

克取金、厦，澄清沿海之后，康熙帝立即于十九年（1680年）四月底派兵部侍郎温代前往福建，会同尚书介山、侍郎吴努春及总督、巡抚、提督等，就福建沿海设防及撤兵事宜进行商讨。经过反复商议，至八月初四，康熙决定在福建只留二千满洲兵，由将军喇哈达统辖，分别防守福州、漳州，其余2400余名全部撤回北京。福建留驻5000名绿营兵，分设五营，抚标下辖1500名兵丁，分设二营。至通省防守兵，照原来的定制留五万余人，将其余的近两万人全部裁撤。水师留两万人，裁撤五千人。提督驻镇海澄，其铜山、厦门诸处，分设总兵官、副将镇守。次日，康熙谕令兵部："台湾、澎湖，暂停进兵。令总督、巡抚等招抚贼寇。如有进取机宜，仍令明晰具奏。"

裁撤部分军队和"暂停进兵"，并不意味着放弃了台湾。当时尚之信已死，耿精忠已调离到北京，围剿云南叛军的大部队正在围攻云南，叛乱指日可灭。"三藩"问题基本解决，台湾问题摆到了康熙帝面前。裁撤军队可以减轻百姓的负担，使社会安定，兵精饷足，更有利于进取。这时的康熙已经十分成熟老练，在战事上绝不贸然行事，而是积极准备，捕捉有利战机，再定决战。

康熙二十年（1681年）四月，姚启圣先后接到台湾傅为霖、廖康方的密报，正月二十八日，郑经病故，其长子监国在三十日被杀死，年仅12岁的次子即位。傅为霖于密信中指出："主幼国虚，内乱必萌，内外交并，无不立溃，时乎不可失也。"廖康方于信中要求："贼势必发生内乱，此时正有机可乘，速恳发兵，救民于水火。"姚启圣据此于五月十九日上疏要求："会合水陆官兵，审机乘便直捣巢穴。"康熙于六月初七日与大学士等会议后，当即发布谕旨："郑锦（经）已死去，贼人必乱阵脚，宜乘机规定澎湖、台湾。总督姚启圣、巡抚吴兴祚、提督诺迈、万正色等，其与将军喇哈达、侍郎吴努春，同心合力，将绿旗舟师分领前进，务期剿抚并用，底定海疆，毋误事机。"这是康熙帝发出的进兵收复台湾的命令。

康熙决定进攻台湾，引起了朝臣们的不同反应。水师提督万正色上奏："台湾断不可取。"朝廷高级官员讨论"进剿方略"时，"咸谓海洋险远，风涛莫测，长驱制胜，难计万全。"闽海前线最高军事长官，镶黄旗满洲都统宁海将军喇哈达对进攻台湾也表示反对。支持以武力进剿台湾的，有内阁学士李光地、福建总督姚启圣、福建巡抚吴兴祚等人。李光地，福建安溪人。他深知不收复台湾，东南永无宁日，不用武力，平定无期。他们支持武力征剿台湾郑氏，反映了闽浙地主阶级、知识分子渴望消灭战乱，在沿海地区恢复和平与安定的社会秩序的愿望。

在康熙任命万正色担任福建水师提督前后，姚启圣曾一再上疏举荐施琅担任此职。但施琅因有长子施齐（化名王世泽）、族侄施亥（明良）都在郑氏集团供职，所以朝廷对他不甚信任，迟迟未予任用。后来姚启圣查实施齐、施亥因谋"擒郑逆献厦门以报本朝"，于十九年（1680年）二月事泄被杀，两人满门灭口，从而解除怀疑，使清廷恢复了对施琅的信任。康熙二十年（1681年）七月，李光地也推荐施琅："他是海上世仇，其心可保，又熟悉海上情形。其人还有谋略，为海上所畏。"此时，万正色对康熙进取台湾的策略依然表示反对，但是康熙帝毅然采纳李光地的建议，任命施琅为福建水师提督，代替怯懦的万正色。他于七月二十八日向议政王大臣等宣布：

"今诸路逆贼俱已歼除，应以现在舟师破灭海贼。原任右都督施琅系海上投诚，且曾任福建水师提督，熟悉彼处地利、海寇情形，可仍以右都督充福建水师提督总兵官，加太子少保，前往福建。到日即与将军、总督、巡抚、提督商酌，克期统领舟师进取澎湖、台湾。其万正色改为陆路提督，诺迈还京候补。”

对于起用施琅，那些不同意进攻台湾的朝臣们坚决反对，“以为不可遣，去必叛”。康熙则坚信：“施琅不去，台湾断不能定。”于是排除一切阻力，作出正确抉择，表现了他超人的胆略和见识。

施琅自受命出任福建水师提督后，于康熙二十年（1681年）十月抵厦门视事，对于攻台一事，他采取了如下措施：

第一，整顿水师。选拔将领、训练水兵、修造海船、准备甲仗。施琅所挑选的将领有侍卫吴启爵、同安总兵吴英、兴化总兵林承、金门总兵陈龙、平阳总兵朱天贵、海坛总兵林贤等人。这项工作，施琅花了一年的时间才完成。

第二，再三申明进征台湾的必要性和取胜的必然性。康熙二十一年（1682年）夏，给事中孙蕙、坐塘笔帖式谭木哈图连续上疏，反对进攻台湾。七月，施琅上《决计进剿疏》，指出郑氏绝不会投降，内应又因无法得到及时的支援而不敢公然发难，只有进兵台湾才是唯一的破敌之法。

第三，要求清廷给以专征台湾的兵权。施琅作为加衔提督主持攻台事宜，仍要受督抚的节制，一旦双方意见出现分歧，便有可能被掣肘。当时福建督抚都决意进兵，平台建功，但施琅对此仍然有顾虑。从上任伊始，他就连续上疏，提出独任征剿的问题。这里反映出他与姚启圣等的矛盾。因他与总督意见不合，原定于二十年（1681年）五月的出兵计划落空了。事实证明，事权归一才能避免扯皮，能更加顺利地开展征剿工作。施琅在《决计进剿疏》中重申要求独任，而令督抚为他提供物质供应，攻台不要有出兵的时间限制，只要顺风，他将出师台湾，如果不能收复台湾就治他

的罪。他终于得到议政王大臣会议、明珠、李光地的有力支持，康熙看出问题症结，同意由“施琅相机自行进剿”，施琅终于可以大展拳脚了。

第四，制订作战方案。清军水师经过近一年整顿，已有精兵两万余人、战船三百艘，与郑军在数量上不相上下，作战本领也大有提高，而且士气正旺，但海战经验不如郑军丰富，而且郑军是以逸待劳。因此，施琅提出南风盛发的五六月出兵，首先攻取澎湖的作战方案：“夫南风之信，风轻浪平，将士无晕眩之患，且居上风上流，势如破竹，岂不一鼓而收全胜！”在澎湖决战，一举歼灭郑军主力，可知明郑虚实，直取台湾，或“暂屯澎湖，扼其吭，拊其背，逼近巢穴，使其不战自溃，内谋自应”。总之，占据了澎湖就进可攻退可守，事半功倍。

准备过程每一步都异常艰辛。总督姚启圣反对施琅的作战方案，姚启圣坚持乘九十月北风起时两路出击，或先打台湾，后攻澎湖。在此方案被否定后，他又重弹“剿抚并用”老调，并派人渡过台湾海峡，对台湾进行招抚。施琅反对，抚局失败。

施琅全力准备征进。康熙二十二年（1683年）四月，他向姚启圣要求调捐膳船兵。姚启圣顾全大局，抛弃前嫌，分拨平阳总兵朱天贵统捐膳兵1100名、船61艘随同施琅出征，兴化总兵吴英统捐膳兵和陆师驾船43艘出海策应。

在姚启圣的全力支持下，六月十四日，施琅在铜山港誓师，统水师三万余人、战船三百余艘进攻澎湖。

当时澎湖、鸡笼都有郑军重兵把守。康熙二十年（1681年）冬，武平侯刘国轩出任总督守澎湖，左武卫何祐任北路总督守鸡笼，在那里修筑城池炮台，开沟浚濠，架设火炮，加强防御。澎湖是防守重点。刘国轩在此集中了官兵两万余人、战船二百余艘，但与清军相比，澎湖守军在数量上处于明显劣势，而且粮饷不足，形势对郑军不利。但是郑军毕竟是一支久经战争考验的部队，其士兵英勇善战，右武卫林升、左虎卫江胜、宣毅左镇丘辉、戎旗二镇吴潜等都表示要死守。因此，清军能否攻下澎湖是关系到整个战争的关键。

施琅水师于十五日出发，直驶澎湖。刘国轩闻讯戒备，但他慑于清军兵威，放弃了主动进攻，只作死守，幻想康熙四年（1665年）施琅征台历史重演，等候台风起，以逸待劳，不战而胜。他由此而丧失了战机。刘国轩命令陆上和各岛要口、战船都严密警戒。丘辉建议先发制人，乘清军战船停泊未定之际，发起攻击，被刘国轩拒绝。当日傍晚，清军从容进泊郑军防守力量薄弱的八罩岛、猫屿、花屿。丘辉再次请战，提出乘晚上潮落时奇袭清军，又遭拒绝。刘国轩期望夜半风起，会把清军扫荡无遗。刘国轩最终失望了。

第二天清晨，清军水师开始进攻澎湖，刘国轩赶忙指挥各部迎战。清军因战船密集，互相挤靠在一起，不得施展。在船尾指挥作战的施琅被流炮击中，他为稳定军心，站起来继续指挥。蓝理见提督坐船被困，直冲过来，连续击沉几艘敌船，总算解围。激战中，蓝理中炮，血流不止，仍高喊督战，后又被炸伤左腿，施琅见攻击不利，便下令全军暂时退出战斗。

丘辉此时又提出要夜袭清军，刘国轩仍坚持扼险守隘，坐等风起。十八日，清军进取虎井、桶盘两屿，向郑军主力逼近。施琅亲自视察岛屿形势，准备与郑军决一死战。

二十二日，澎湖决战爆发。清军吸取了上次作战的教训，改变战术，主力分路进击：战船50艘从东路攻鸡笼屿，派50艘战舰从西路入牛心澳，以牵制敌人；56艘均为八股，各作三叠，施琅领一股居中调度，总兵、游击等官分领其余七股直扑郑军大营，余船分股后援。刘国轩指挥迎战，一场血战开始了。清朱天贵喊话招降，中炮阵亡。林贤的战舰遭丘辉、江胜等的包围，林贤四面应战，身负重伤。清兵援舰到达，与林贤内外夹攻。炮火矢石交攻如雨，烟焰张天。清军东、西两路奋勇夹击。双方都奋不顾身，自辰至申，持续激战。清军8条战船围攻丘辉，丘辉左足断右足伤，但他坚持督战，直到自己被炸牺牲。施琅在组织和使用力量方面，充分发挥了数量上的长处，集中优势兵力，将郑军战船一只一只消灭。他命令实行"五梅花"，即"遇贼船一只，即会数只合攻"，"以五船结一队，攻彼一只"。这一战术十分有效，基本歼灭了郑军的有生力量。郑军被击沉、焚毁战船百余艘，征北将军曾瑞、水师副都督左虎卫江钦等将领阵亡，江胜、吴潜等自杀，1.2万名士兵阵亡，将军果毅中镇杨德等将领165人率余部4800余人投降。刘国轩仅带30只船逃回台湾。

澎湖大战以清军的胜利宣告结束，随后澎湖三十六岛皆降。清军官兵战死329人，伤1800人。几天来，施琅一面出告示安民，一面向总督姚启圣和康熙帝奏报澎湖大捷。

澎湖大战的胜利，基本上消灭了郑军的有生力量，无论和、战，台湾都已经是清军的囊中之物。

澎湖激战，郑军主力尽灭，为和平解决台湾问题奠定了基础。

清军取得海战的胜利有其必然性。清军在政治上以统一对割据，在军事上、经济上处于优势地位，这决定了其将取得最后的胜利。交战双方在战争指导思想和战术运用上，施琅的正确、刘国轩的错误导致了郑军的失败。这之间也有偶然性，施琅不可能拥有科学的气候预测手段，“稽古以来，六月时序，澎湖无五日和风，即骤起飓台，怒涛山高，变幻莫测，三军命悬，悉听于天”。在这点上他又有些冒险，他此次“抵澎旬余日，海不扬波”，刘国轩期待的台风竟没有到来，是偶然性帮助了清军成功。

澎湖失守后，冯锡范令台湾各港严加防备。但北路总督何祐等却秘密向清军通谋纳款，并将淡水港的守军撤走。明郑内部发生了严重分裂。闰六月初，当郑克壥集议战守时，冯锡范等主张南走，而刘国轩力主投降。

施琅大军仍驻澎湖，一面因台湾港道深浅莫辨，到北风起时再进军，就有更大的把握。

在这段时间里，施琅趁机做进军台湾的准备。派刘国轩旧部曾蜚乘胜去台招抚。郑克壥、刘国轩上表请降。

七月，台湾兵民剃发投降。八月，施琅抵台料理善后。九月，刘国轩等相继进京陛见。十一月，施琅将台湾交兴化总兵吴英把守，自己班师回福建。

康熙认为施琅收复台湾，立下了大功，于九月初十“加授靖海将军，封为靖海侯，世袭罔替，以示酬庸”。征台官兵，除照云南例加级、赏赉外，康熙考虑到出海作战难度更大，因而决定“在事官员著再各加一级，兵丁再赏一次，以示特加优渥至意”。康熙七年（1668年），施琅上《边患宜靖》遭否定，并被撤去福建水师提督之职，任内大臣，隶汉军镶黄旗，留住北京十余年。收复台湾后，他于是又“疏辞侯爵，乞如内大臣例赐花翎”。兵部认为无此先例，拒绝了施琅的要求。康熙真心体会施琅的心情，命勿辞侯爵，“并如其请，赐花翎”，仍享有内大臣的殊荣。

康熙二十三年（1684年）十二月，郑克塽等奉旨到京。康熙肯定郑克塽等“纳土归诚”有功劳，授郑克塽公衔，刘国轩、冯锡范被封为伯，都被抬入旗籍，隶属上三旗汉军，命户部分别“拨给房屋田地”。其他投诚武职1600多人、文职400多人、兵4万余人，也都被妥善安置。刘国轩因主张降清而得到康熙帝的亲自召见，特实授直隶天津总兵官，还赏赐他白金200两，表里20匹，内厩鞍马一匹，以示特殊恩宠。后康熙得知刘国轩“家口众多，栖息无所”，又特意赐给刘国轩宅第。俾有宁居，以示优眷。

在康熙统一台湾的过程中，如何使用“海上投诚人员”，成了一个重大的政策问题。最初清廷并不信任“海上投诚”者，不授予他们官职，也无饷银，并把他们派到他省垦荒，另从外地向福建大量增兵；后来才开始信任和重用“海上投诚人员”，不仅没有向福建派兵，而且还裁兵，而平定海疆也正是依靠这些“海上投诚”者，最后完成统一大业。事过20年，对“投诚”者的功绩，康熙帝仍无法忘记，对臣下说道：“昔之海上投诚者，习于水战，今亦不可多得矣。”台湾问题的解决，关键在于康熙的知人善任，他既没有御驾亲征，也没有具体的作战方略作出指示，而是选用了几名得力官员。姚启圣、万正色、施琅三人，就其出身而论，是三种不同类型的人才，康熙把他们从众官将之中选拔出来，大胆使用，且用而不疑。他们得到皇帝支持，都为清朝的统一立下了汗马功劳。

# 政治稳定，经济繁荣

雍正皇帝曾经给其父皇做出了一个准确的评价：“（康熙）一生，经文纬武，寰宇一统，虽为守成，实同开创。”康熙能在百废待兴之局开创出一片基业，开启“康乾盛世”的序幕，实与开创建国无异。

## 南征北战，稳固边疆

自古以来，黑龙江、乌苏里江流域就是中国的领土，秦汉以后各朝均在此地设立官统辖。清朝建立以后，继续对这一地区行使管辖权，加强统治，分别在今辽宁的沈阳，黑龙江的宁安、爱辉等地区设立将军，而且还把当地居民编为八旗。还在沿江的重要地区建立了船厂，设置仓屯，陆上开辟台站驿道，以发展水陆交通运输，进一步加强中央与地方的政治、经济和文化联系。

早在明崇祯十六年（1643年），沙俄派兵132人沿勒拿河下行南侵，“不畏严寒”越过了外兴安岭，侵入中国领土并且开始了四处抢掠，并灭绝人性地杀食达斡尔族人，被黑龙江地区人民称为“吃人恶魔”。

冬天过去，江水解冻后，沙俄匪徒又越过黑龙江闯入中国东北部。这一次，沙俄匪徒遭到当地各族人民的激烈抗击。

对沙俄军的侵略行径，康熙帝多次遣使进行交涉、警告，但是这对于掠夺成性的沙俄来说并不能起到什么作用。这使康熙帝认识到，只有使用武力才能驱逐沙俄侵略军。于是，康熙不得不在辽东地区，特别是黑龙江流域，对沙俄侵略做出种种抵抗措施。

一是在瑷珲（今称爱辉）筑城永戍，号召民众一同进行屯垦。加强那里的经济实力，可以有能力抵抗侵略者。同时加紧造船，疏通和其他地区联系的道路，以便在战争开始后，能够保证军粮由松花江、黑龙江及时运抵前线。

二是加强侦察和封锁，不能让侵略者想来就来想走就走。康熙派百余名清军，侦察雅克萨的地形、敌情；又派当地达斡尔族头人随时监视敌情变化；令车臣汗断绝与沙俄军贸易，以封锁侵略者。

做完了充分的准备之后，康熙二十二年（1683年）九月，清军派人勒令雅克萨等地的沙俄侵略军迅速撤离，但是没有得到俄军头目的理睬，反而又派人窜至瑷珲抢掠。得到康熙指令驻留辽东的萨布素将俄军狠狠地击败，并将黑龙江下游沙俄侵略军建立的据点全部焚毁，使雅克萨成为一座孤城。

令人欣慰的是，经过中国军民的多次打击，侵入黑龙江流域的俄国侵略军一度被肃清，安稳了数年。不过，后来沙俄侵略势力又到雅克萨筑城盘踞。清政府又对其进行多次警告，但都无济于事。

沙俄的不死之心也使康熙终于清楚地认识到，若非“创以兵威，则罔知惩畏”，于是决意征剿。但是清军在黑龙江一带没有驻兵，从宁古塔出兵反击，每次都因粮储不足而停止，而沙俄侵略军虽为数不多，但由于有充足的军备物资，再加上尼布楚人与之贸易，如果战争一旦打响，势必也会严重影响到我国居民的正常生活和经济发展，造成边民不安的局面。

针对这种情况，康熙采取恩威并用、剿抚兼施的方略，一边发兵对沙俄的侵略进行遏制，另一边在黑龙江地区屯兵永戍，建立城寨，与之建立长期的对垒。

在康熙做准备的时候，劝阻警告活动一直没有间断。康熙暗下决心，如果侵略军仍执迷不悟，则将其一举消灭，以除后患。

因为黑龙江至外兴安岭地区距东北腹地遥隔数千里，同沙俄这样的入侵者斗争，单靠当地人民的部落武装是无法制止其侵略的，为了保障反击作战的胜利，并在反击胜利后建立一条较完整的边界防守线，就要做足准备以便适应长期的边防斗争。

康熙二十四年（1685年）正月二十三日，为了彻底消除沙俄侵略，康熙命都统彭春赴瑷珲，负责收复雅克萨。清军约三千人在彭春的统率下，怀揣着赶走敌人的强烈欲望从瑷珲出发，分水陆两路向雅克萨开进，当即向侵略军头目托尔布津发声通牒。当时侵略者拥兵450人、炮3门、鸟枪300支，面对清政府的强大武装采取拒不从命政策。战斗之势一发不可收拾了，清军主动出击，分水陆两路列营攻击。侵略军伤亡甚重，不能支撑，无奈之下向清军投降，还派遣使节与清军将领商量要求在保留武装的条件下撤离雅克萨。经彭春同意后，俄军撤至尼布楚。清军赶走侵略军后，即行回师，留下部分兵力驻守瑷珲，另外派人在瑷珲、墨尔根等地屯田，加强黑龙江一带防务，以防敌人卷土重来。

令康熙没有想到的是，沙俄侵略军在被迫撤离雅克萨之后，贼心不死，继续拼凑兵力，图谋再犯。康熙二十四年（1685年）秋，莫斯科派兵600人增援尼布楚。当获知清军撤走时，侵略军头目托尔布津率大批沙俄侵略军再次窜到雅克萨。俄军这一背信弃义的行为引起清政府的极大愤慨，次年年初，康熙接到奏报，即下令反击。

清军两千多人进抵雅克萨城下，将城围困起来，勒令沙俄侵略军投降。托尔布津不理。但是，这次他却为自己的“不理”而付出了惨痛的代价——托尔布津中弹身亡，但是沙俄军队依然负隅顽抗。

冬季将至之时，清军考虑到沙俄侵略者死守雅克萨，没有物资来源必定需要等待援兵，于是进行了更加严密的围困，企图彻底切断守敌外援。侵略军被围困近年，战死病死很多，826名侵略军，最后只剩66人。这次，沙皇一看情势不妙，急忙向清军请求撤围，遣使议定边界。清政府再次答应他们的请求，准许侵略军残部撤往尼布楚。至此，雅克萨反击战结束。

康熙二十八年（1689年），中俄双方于尼布楚正式谈判。当时沙俄国内出现权力斗争，清朝的情况也不容乐观，西北地区准噶尔部噶尔丹谋反，割据叛乱势力十分猖獗，并且有意勾结沙俄。为了笼络大局，康熙不得不在与沙俄的谈判上做出重大让步。两国最后达成和议，签订中俄《尼布楚条约》，俄军撤出雅克萨，毁掉雅克萨城，划定中俄边界。

康熙二十八年（1689年），沙俄全权代表陆军大将费耀多罗和清王朝全权代表领侍卫内大臣索额图、佟国纲在尼布楚签订了边界条约，条约的内容最主要的当属边境划分问题，关于地界划分的内容，即：从黑龙江支流格尔必齐河到外兴安岭直到海，岭南属于中国，岭北属于沙俄。西以额尔古纳河为界，南属中国，北属俄国，额尔古纳河南岸之黑里勒克河口诸房舍，应悉迁移于北岸；雅克萨地方属于中国，拆毁雅克萨城，俄人迁回俄境。

《尼布楚条约》在中国的历史上具有重要意义，是大清帝国和沙俄帝国之间签订的第一份边界条约，也是中国和西方国家签订的第一份正

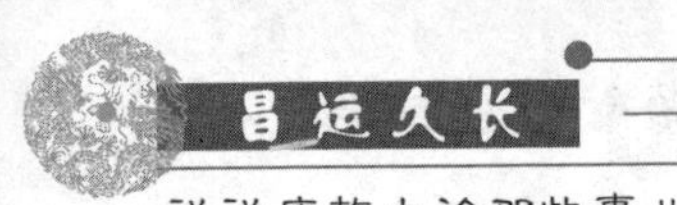



式条约。

清政府此举遏制了几十年来沙俄的侵略势头，使中国东北边境在长达一个半世纪的时间里基本得到安定。

康熙帝刚与沙皇俄国签订了《尼布楚条约》，安定了中国北部与东北部的边疆后，又遇到西部蒙古族部落的首领噶尔丹反叛的挑战。早在之前，噶尔丹就有过逆反之心，可是那时候，大清国力虚弱，加之其他地区的叛乱使之分身乏术，康熙为了争取与他交好，不惜将自己最心爱的女儿嫁给了他，就为了使大清能够有一丝喘息之机，争取时间增强国力。

明末清初，噶尔丹击败蒙古族的其他部落，在草原上称王称霸，取得准噶尔部落的大权后，受到沙皇俄国的教唆，就开始向外扩张、掠夺，嚣张的气焰连中原土地也全然不放在眼里。对于蒙古其他部落的求助，康熙一面安抚，一面劝阻噶尔丹的肆意妄为，要求他立即退兵，并将所侵占的其他部落的物品如数归还。噶尔丹野心极大，坚持要打到北京，哪听得进康熙的劝阻，便策动大军向东杀来。

康熙决定严厉惩罚噶尔丹，亲率大军西征。毕竟关系到大清的边疆安宁，如若噶尔丹和沙俄联盟，势必会引起更大的动乱。初次与噶尔丹交锋，清军并没有捞到多大的便宜，甚至还吃了败仗，毕竟千里迢迢挥军举进，一路下来车马劳顿。噶尔丹因此更加轻视清军，向清军发动猛烈攻势，一直打到离北京只有七百里的乌兰布通。康熙当然不能让他打进北京城，决定在乌兰布通给噶尔丹一个迎头痛击。在与噶尔丹的乌兰布通战役上，康熙充分动用了猛烈的火炮攻势，在策略上又经过了精心的策划，结果把噶尔丹的军队打得丢盔弃甲，血肉横飞，狼狈逃窜，再没有开始时候的意气风发。

噶尔丹逃跑之时，还不忘使出了诈降求和之计，不过也被康熙看穿，毫不犹豫地下令火速追击。噶尔丹看到这次的军事挑衅功亏一篑，不得已带着他的残兵败将逃回了老家。由于军事上受到重创，不得已先按捺住再次出征的想法，在漠北先招兵买马，重整旗鼓，企图卷土重来。

康熙本来也不是好战之人，决定不计前嫌，派使者去邀请噶尔丹讲和。没想到噶尔丹不但拒绝南来，还将使者杀害了。为了能在接下来的战斗中打败康熙，噶尔丹还特意向沙俄借了枪弹，因为上次他被清军的火炮吓坏了。康熙见此情景决定第二次亲征噶尔丹，他率大军十万，兵分三路，从各个方向袭击噶尔丹。三路中最主要的一路由康熙亲自统帅，亲征路上更是困难重重，吃不饱穿不暖，但康熙坚持和士兵们同进退、共甘苦。虽然在异地作战，却因为康熙的亲力亲为愈加激发起将士们克服困难的高昂士气。

噶尔丹的军队见到清军有如此之强大的气势，虽然有了沙俄的枪弹，却也不敢肆意妄为。听说康熙亲自挂帅，更是还没有开打，就有了叛逃之人，军中士气一落千丈。清军杀敌数千人，但还是让噶尔丹带着几十名骑兵跑掉了。

第二年春天，康熙再次带着大军出征，围剿噶尔丹残余部队。噶尔丹走投无路，服毒自杀。

康熙与噶尔丹的战争打了八年，康熙大帝亲自带兵终于平息了蒙古草原上的骚乱，维护了中国版图的统一。

## 垦荒屯田，兴修水利

历代两朝衔接之际，都必有战乱的过程，明末清初之时的两族之战更是异常激烈，使中国的社会经济遭到严重破坏，满汉人民的生活都十分困苦。康熙在位期间，平定三藩、收复台湾、抗击沙俄、征讨噶尔丹及安定西藏，虽说都取得了最终的胜利，为康熙的政绩增添大量的亮点，但是这一系列的战争也消耗了大量的人力、财力和物力，给康熙增添了不少的烦恼。特别是康熙初年，旧的战争创伤还没有愈合，新的打击又接踵而至，河水泛滥犹如雪上加霜，清政府中掌权的贵族们都忙着争权夺利、明哲保身，对于民间的疾苦早已麻木不仁，万顷良田长满荒草、亿万子民流离失所，民不聊生的严重程度超过了当时社会的承受能力。

不但如此，在康熙执政前期，每年入不敷出，国库空虚。在这种形势下，纵然康熙有“唯愿天下安宁，百姓安居乐业，共享太平之福”的美好愿望，但短期内根本就不可能实现。

康熙面临着如此巨大而又艰难的课题，划分出轻、重、缓、急。在解决了鳌拜之后，他立即开始着手解决民众的吃饭问题。虽然康熙年纪尚轻，但在读古博今中懂得确实不少，在总结了历代王朝治乱兴旺经验教训的基础上，形成了自己独特的重农思想，政局慢慢稳定了之后，更是专心治理农业问题。

为了发展农业生产，康熙首先把清廷官员在百姓手中抢来的土地如数归还回去，给百姓吃了一颗定心丸，老百姓也在这个年轻的皇上身上看到了安居乐业的希望。

康熙是一代明君，也是一个敢于推行改革的革命家，他接下来出台了一系列的推行垦荒屯田、兴修水利的改革政策。

其实早在顺治继位时，就实行了垦荒政策，但土地大多被王公大臣瓜分，百姓根本无荒可垦。多尔衮死后，顺治试图改变这种情况，但是努力了20多年却依然无效。康熙初年由于有鳌拜作乱，农业生产萧条凋敝的现象依然存在。所以在铲除鳌拜、平定三藩、收复台湾后，鼓励开垦，扩大农业经济发展，已经迫在眉睫。

把土地还给农民之后，康熙帝大力用免除赋税的条件鼓励开垦，农民们对于政府的优惠政策感到惊喜异常。事实上，政府放宽税收政策能提高垦荒者的积极性，有利于农业生产的发展，同时也有利于以后向这些新垦土地征收赋税。

最重要的也是最得人心的措施是，对开垦后的田地，康熙允许归开垦者所有，并在法律上加以保护，保障垦荒者的经济利益。这对于没有土地的人民或者只有小量土地的人民来说无疑是一个巨大的诱惑，只要开垦，就是自家的。而且，自愿进行垦荒的农民还得到朝廷政策的扶持：不但可以免除税收，还会将耕牛、种子借与农民使用或种植。毫无疑问，这项措施对于提高农民的生产积极性、促进当时的经济发展起到了一定的积极作用。

康熙通宝

在促进垦荒方面，从顺治以后的历朝都有着大同小异的详细规定：有的给予实物，有的折变现金，按亩计算、论人支给等方式不一而足。可以说，无论规定是怎样的，只要能够确实可靠地得到执行，对进行垦荒的农民来说，总是有利无害。此外，清政府通过一系列政策把整饬吏治与奖励垦荒结合起来，使上层建筑能为发展经济服务，开垦不但成为农民的事，王公大臣、地方官吏也被带动到其中。

一系列的措施终于增加了耕地面积，使农业生产得到较快的恢复发展。到康熙末年，全国耕田面积比顺治十八年增加了174万余顷，超过了明代万历年间的耕田面积。

封建社会时期的农业发展，有地耕、有人种是一回事，但天时必须配合，一场洪涝灾害或者久旱不雨都会让农民的辛苦劳作功亏一篑。所以，预防、整治自然灾害就成了康熙需要面临的又一课题。他多次申述“民生以食为天，必盖藏素裕而后水旱无虞”，所以，康熙一直对兴修水利十分关注。他晚年时曾说：“朕于河务留心最切，经历最深，往年屡次阅河时，精力尚强，亲乘小舟，不避水险，各处周览。”

黄河是中华民族的发源地，被亲切地称为“母亲河”，但是这位“母亲”也有暴戾的一面。雨水多发季节常有洪涝，滔滔的黄河水所到之处都会卷走大量泥沙，然后冲入下游平原，下游的人民苦不堪言，只能靠人工筑堤来阻止、延缓洪水的冲刷。不但黄河两岸的人民深受其害，无情的洪水也阻断了南北漕粮的交通要道，这可是关系到京师百万官兵及家口性命的要道。因此，怎样治理黄河、确保运输，便成为了历代王朝治河的重要课题。康熙在位期间，也花了很大的力气来治理黄河，兴修水利，由此可以看出，治理河道在康熙的执政生涯中有着重要地位。

康熙不但是改革家还是一名“科研工作者”，在治理水患方面完全从理论的角度来寻求解决方案。他还特意学习了关于水利、气象等科学自然知识，力图使其治河方案建立于科学的基础上。

康熙亲自设计并指挥了对河工的兴修工程，并且在一次次的实践中积累了广泛的经验，还上升到一定的理论层次，认识到上游治理彻底，下流自然通畅。想要黄河下游安宁无事，还需在上游下足工夫。带着这一治河思想，康熙对治河做了具体部署措施，多次亲临施工现场，对负责治理河道的官员细心地进行讲解。终于在具体实施的时候得到了出乎意料的成果，既治理了河运，又保护了百姓利益。

康熙自己也曾总结过治河成功的经验，一是皇帝要重视，将治河当作国家头等大事来抓。所谓“己所不欲，勿施于人”，自己都不愿意做的事，手下办事的臣子们又怎能费心尽力。康熙曾经亲自巡视检阅，做详细的调查研究，对治河情况做到了心中有数，并能分得清轻重缓急，还要相应地投入大量的人力、物力和财力；二是要善于用人，选拔称职的河道总督。只依靠皇帝自己的力量是无济于事的，一个人的精力是有限的，事必躬亲并不是一个皇帝应该采取的明智之举。

康熙治理黄河，变水害为水利，不但保障了国计民生，而且对各地经济的发展也起到了重要的推动作用。在封建社会中，具有如此求实精神、

科学态度的帝王是实属罕见的。康熙帝时期，对于为患最大的黄河开始了大规模整治工程，甚至在军情紧急之时也不曾中止。

康熙发展农业生产的一系列政策，不但通过禁止圈地等来改革生产关系，而且通过垦荒屯田、发展水利等措施来促进农业生产的发展。

## 六下江南，盛世初现

为了在顺治身后留下的一片狼藉中建立起一个足以令世人臣服的王朝，康熙帝采取了前文提到过的各种手段与措施，甚至亲自六下江南，开启清代帝王巡游江南的序幕。

李自成领导的农民大起义导致了朱明王朝的最后覆亡。清军入关，康熙继位之后，大清的天下基本已经初定，历史揭开了新的一页。康熙帝常常以历代灭亡的教训引以为戒并总结了一些经验，跟大臣们分享。

康熙常年深居宫廷之中，但知道防民之口甚于防川的道理，对民间百姓的疾苦和对朝廷的要求十分重视，更是懂得百姓生活质量好坏的情况不是单靠自己一个人就能够全然了解的。所以，对各个地方的百姓官员特别关注，要求各级官员凡遇事都须迅速奏报，不能总想着报喜不报忧来博得皇帝的好感，如果发现有谎报之事必定严加惩罚，坚决杜绝臣子们只顾着邀功而蒙蔽欺骗中央政府的情况。

为了更加彻底地了解民愿、了解民情，康熙甚至还经常出京巡视，亲自查看官员们是不是在据以实报。在政治越发稳定之后，他就时常走出皇宫进行频繁巡行活动，其中最著名的就是他的六次南巡。康熙南巡的目的是多元的，有治国、有治水、有考察、有巡视、有省耕，当然也有游览。

康熙帝从31—54岁之间，六下江南，累计共520天，这在清朝皇帝中，甚至是在中国整个封建社会所有的帝王中也是首屈一指。他是第一位跨过海河、黄河、淮河、长江、钱塘江五条大江河的皇帝，开创了清帝南巡的先例。康熙帝的南巡，巡的又是什么呢？

康熙南巡的主要目的，首先是治理黄河。

康熙深知黄、淮两河关系运道民生，最为紧要，所以将它视为南巡任务中的重中之重，早在平定三藩之前，他就把治河列为国家三大事之一。南巡考察河务并不是做做样子给百姓看的，而是切实做一些实事，康熙亲临工地，视察河务，了解、研究河势汹涌之原因。根据实际情况，不惜花费重金命令河臣加固运河堤岸，以抗御黄河水流的冲击和侵蚀。皇帝如此重视，大臣们当然也不容疏忽，每每都把黄河的治理提到首要。康熙之时，河道尽管仍时有溃决，但水患已经大大地受到了控制。

南巡中，康熙还不忘团结笼络江南汉族士大夫。清朝初期，清政府处于推行武装统一的非常时期，对于汉族士大夫此起彼伏的反抗斗争，主要采取的是高压政策。康熙执政后，国内情势趋于好转，鉴于形势的变化，逐步改变了清朝初期的高压政策，反而采取亲汉民政策。康熙每次南巡都谒孔庙、拜禹陵、祭明太祖陵，以迎合汉民族的心理。

康熙的这些做法不是向汉族低头示弱，而是想通过这些活动，消除汉族士大夫的反抗情绪，进而依附于清朝，扩大清朝统治阶级的社会基础。

康熙南巡时，在整顿吏治的同时，还重视了解民情，注意为各地兴利除弊。康熙见到生活艰难的百姓，无不嘘寒问暖、散金相助。他的这一举动使百姓欢悦，不胜感激。

民众之所以没有对康熙的南巡产生反感，大部分原因是因为他每次出巡都不讲究排场，更不会给百姓造成麻烦。他不但自己以身作则，还多次告诫臣子，南巡是为了更好地为江山社稷而不是游山玩水，因而严禁地方官吏布置供帐，科派扰民。对那些在康熙南巡过程中妄想通过逢迎而加官晋职的官员，康熙更不会口下留情，严加训斥。

康熙一朝，是号称“康乾盛世”的起始，这应与康熙勤勉于政务，经常巡行四方、体察民情是分不开的。

# 第四章 雍正登基，加强集权

不论从康乾盛世的历史进程，还是从有清一代全史的角度来考察，雍正朝都是一个非常重要的阶段。世宗雍正没有其父长寿，更没有像其父享国如此之久，他在位只有13年。尽管时间短促，却不容忽视。实际上，我们所说的康乾盛世，是包含雍正朝在内的。正确的提法，应是“康雍乾盛世”。为图简便，习称“康乾盛世”。

## 雍正即位，巩固皇权

康熙六十一年（1722年）十一月十三日，圣祖康熙在他的寝宫，安然地闭上了双眼，溘然长逝，享年69岁。

康熙帝留下一份长篇“遗诏”，历数他一生的业绩和追求，如：“欲致海宇升平，人民乐业，孜孜汲汲，小心敬慎，夙夜不遑，未尝少懈。”“数十年来，殚心竭力，有如一日，此岂仅‘劳苦’二字所能该（概）括耶！”这些自评的话，可以说是他一生的真实写照。自黄帝甲子，迄至圣祖离世，共4350余年，历301帝，如他“在位之久者甚少”。《尚书·洪范》所载人有“五福”，即寿、富、康宁、攸好德、考终命，他皆占全，论寿已到天年始终，正如其所言：“富有四海，子孙百五十余人，天下安乐，朕之福亦云厚矣。即或有不虞，心亦泰然。”因此，“今虽以寿终，朕亦愉悦。”

按照他的遗嘱，“雍亲王皇四子胤禛，人品贵重，深肖朕躬，必能克承大统。著继朕登基，即皇帝位”。

这位新皇帝，就是清世宗，因其年号为雍正，又习称雍正皇帝。

雍正生于康熙十七年（1678年）十月三日，排行第四。其父康熙去世时，他已是45岁的中年人。在人生中，这个年龄，是最佳时期。雍正得位，为康熙生前亲口指定。雍正即位后所有作为，都证明康熙对他的选择是正确的。尽管康熙生前选定皇太子反反复复，几度废立，晚年为此伤透了脑筋，毕竟在离世前的关键时刻，做出了历史性的抉择。最后，他终于选定了第四子胤禛。历史已经证明，胤禛没有辜负其父的重托，他全面继承了康熙的未竟事业，乘其余烈，把世祖、圣祖开创的伟大事业推向前进。胤禛就是“一坚固可托之人”。这足以使康熙在天之灵感到欣慰。

康熙在选任接班人的问题上，打破历代的“嫡长制”，采取以贤取人，而不以长子为天然的继承人，把皇冠戴到了第四子的头上，这也是康熙的高人之处。至雍正时，不再明立皇储，而是将他心目中选定的接班人密写下来，封在一匣中，直到去世前才开启，当众宣布。于此，他胜其父一筹。自此遂成定制，清再无诸皇子争夺皇位的明争暗斗，亦使历代党争之祸不再重演。

康熙去世后，胤禛与诸兄弟及朝中诸臣全力处理丧事。七天后，即康熙六十一年十一月二十日，胤禛执行其父的遗嘱，正式即皇帝位，以第二年为雍正元年。

胤禛宣布即位，亦宣告康熙时代的结束，及雍正时代的开启，也是对康熙开创“盛世”的巩固与发展时期。

雍正朝之所以重要，就是因为它居于康熙朝与乾隆朝之间，承前启后，继往开来。雍正忠实地继承了康熙的事业，首在巩固已有成果，再把它推向前进，使盛世发展到一个新的水平，又为他的后继者乾隆的继续发展铺平了道路。

且不说关外的太祖努尔哈赤、太宗皇太极如何雄才大略，即便入关后的第一帝顺治到第二帝康熙，皆属才能卓著、奋发有为的明君。而继康熙之后的这位新帝，同样是具有远见卓识，是强而有力的一代明君。康熙、雍正、乾隆三帝既保持了治国大政方针的连续性，又各有开拓，为“盛世”增添了各自的新内容。这是自清入关后，战胜各种艰难险阻，冲破惊涛骇浪，造成国势骎骎乎前进不已的重要原因之一。

爱新觉罗·胤禛画像

雍正即位之日，就声明继承其父事业的决心，他说：“皇考（指圣祖）临御以来，良法美政，万世昭垂，朕当永遵成宪，不敢稍有更张。”就是说，康熙的大政方针，他不会更改，决意遵守。康熙“知人善任，至明至当”，雍正也亟须他们“实心任事，法已奉公”，帮助他治理国家，他必“始终保全”；而“天下百姓，受皇考恩泽日久”，理应“各宜孝亲敬长，畏罪怀刑，以副朕仰法皇考如天好生之意。”他“仰惟先志之宜承，深望皇图之永固”，他要与天下百姓及“亲贤文武”，“共天尽诚，各输心膂”，以巩固大清的“无疆之业”。

康熙去世，照例由群臣共议上“尊谥庙号”。一般原则，是根据已故皇帝生前的业绩和品德，给予恰当的评论，用简洁而准确的文字加以概括，实则是对死者的盖棺定论。通观自汉以来，给已故皇帝所上谥号不无溢美之词，遵循“为君者讳”的不易准则，只书好事而隐晦其缺点或错误。雍正给其父上谥号，实事求是，不溢美，不夸大。他向群臣阐明了他的想法。他说，诸臣尊崇君父之心，是没有止境的，总是用最美好的词句来表达尊崇君父的感情，这是可以理解的。但必须“至允至当，方孚千秋定论，若少有溢美之词，不独失天下之至公，且开后人之僭越”。因君子的“愚忠愚孝”，把应继承和实行先辈的“盛德大业”，变为“赞颂之虚庆”，若如此，他之心是非常不安的。他概括康熙的一生：“论继统则为守成，论勋业实为开创。”康熙继承顺治之位，从这个意义上说，是一位“守成”之君；但从他所建树的事业，成就之大来论，他又是一位“创业”之君。雍正的两句话，完整而准确地评价了康熙的一生，真是一鸣惊人，不同凡响。康熙的一生，对溢美的赞颂和夸大最为反感，深恶痛绝，始终反对群臣屡上尊号的建议，故其一生没接受过任何尊号。雍正总结康熙的传统，说：“太祖、太宗、世祖，以至皇考，咸贵实行，不尚虚文。”在这点上，雍正的确酷似康熙的品行。康熙“遗诏”就说到胤禛“深肖朕躬”，仅此一事，已见康熙识人之深。

经议，诸臣引经据典，认为：“帝王功业隆盛，引古者祖有功之义得称‘祖’。……唯‘圣’字可以赞扬大行皇帝（圣祖）之峻德，唯‘祖’号可以彰显大行皇帝之隆功。”上尊谥为“仁皇帝”，庙号“圣祖”。雍正对此甚感满意，便“持针刺中指出血，将奏内‘圣祖’两字圈出，敬恭高捧……”

雍正以刺中指血代替御笔圈阅，其至孝之心，显露于外，令观者为之感动。至于他为其父置办丧事，于礼仪无不周详，且超乎常礼；于情则极尽孝子之哀思，号哭而不思饮食，感天动地，自不必详叙。

当此即位，一展宏图之际，雍正的见识与治国思想显露出与康熙的一脉相承。据历代之经验，举凡治国，或从事一项事业，首在得人才。康熙在世时，始终强调人才之重，并常常感叹以“知人”为最难。雍正刚即位，就向大学士们阐述这一思想，说：“朕惟敷政之道，用人为先。”但“知人则哲，自古为难”。他仿效其父的做法，要求在廷大臣与“闲曹”，在外的督抚以及州县官员，或品行端方，或操守清廉，或才具敏练者，要各据“真知灼见，从公具折密奏”，不管是亲属、同乡、同事，也不论以前是仇人，都不必嫌疑，只要不徇私、不树党羽、不沽名求赏、不言过其实，都从公保举。有关政事中应实行、应革除的，有利于国计民生的，亦应“各行密奏”。关于他个人，用人行政若有缺失，也要“直言无隐”。他概括急于实行的共三件事：一是“急欲得人”，以资治理；二是想知道自己行事是否得当；三是考察大学士所举荐之人及所奏之事，就可以知道他们的“居心”了。

这些想法和主张，无不与康熙的做法相吻合。

康熙在位六十余年，以民生为念，频频给百姓以“实惠”，深得民心。雍正即位才半月有余，便想到如何给百姓“实惠”，做点实实在在的事。他首先想到古北口一带，是他父亲生前每年“行幸之地”，当地百姓都为之“除道清尘”，已经有年，无不殚精竭虑。现在，雍正要给这一带百姓“恩恤”，便指示户部：“著将宛平、顺义、怀柔、密云、平谷五县、昌平一州（皆属今北京地区）雍正元年正项钱粮尽行蠲免。”还有，通往陵寝的道路，现今正当修道，也须“加恤”，特将大兴、三河（属今北京地区）二县及通州、蓟州、遵化三州雍正元年的正项钱粮也尽行蠲免。此两项措置，是雍正在位时的首次记录。虽说首次蠲免数量不大，涉及地区也不多，但其意是为光大其父的荣誉，给当地百姓布施“实惠”，亦具象征意义。雍正也要像康熙那样，时刻关注民生疾苦。

雍正陆续起用一批人才，为他的心腹之臣。这些人中，既有康熙生前重用者，也有他独自起用者，还包括他的诸兄弟在内。

雍正尚未正式即位，即指定贝勒允禩、十三阿哥允祥、大学士马齐、理藩院尚书隆科多“总理事务”。在治丧期间，除他在雍亲王藩邸事之外，凡朝中诸事“俱交送四大臣，凡有谕旨，必经由四大臣传出，并令记档，则诸事庶乎秩然不紊。”这四人，实际成了他的临时辅政大臣。原有议政王大臣而不用，却另挑选出四臣，用意不言自明。他以新君即位，鉴于以往兄弟之间的矛盾，也有一些大臣介入其中，各有拥立皇太子的活动，难以信任，就寻找忠于自己的大臣和兄弟，严防在新老交替之际出现纠纷。四人中，隆科多最引人注目。他是康熙去世之际留在身边的重臣，命雍正继位的遗诏就是由他传达的。他原任步军统领，负有京师治安与安全保卫之责，受到康熙重用。他因拥戴胤禛有功而受到特别的重用。雍正指示内阁，今后对隆科多应称呼舅舅，启奏时则书写“舅舅隆科多”，准袭一等公爵，给予特殊的礼遇，是对他拥戴之功的报答。其次是马齐，康熙任其为大学士，因参与拥立皇八子胤禩为太子事而受到康熙的严厉谴责，差点儿丢了脑袋！雍正重新起用并加以重任，马齐自然会感恩图报。胤禩和胤祥两人都属皇室，康熙在世时，他们与之没有什么密切的关系，雍正也予以起用，令掌重权。看来，这四大臣是雍正精心挑选的。所谓“一朝天子一朝臣”，每位帝王都不会重用先朝的原班人马，而要挑选合乎己意的人加以任用。这并不奇怪。正像顺治去世前任命四辅臣，到康熙亲政后，以逮捕鳌拜而取消其集团一样，重新起用新人，作为自己的辅政之臣。

雍正即位伊始，就显示了思维敏锐、处事果断、要求严格的政治风格，这正是康熙所要的“坚固可托之人”。这里仅举几例：

雍正指示大将军以下各路将军，及各直省督抚、提镇等，有奏疏即派人来京“照常启奏，无得沉隐停滞”，如若违犯，“照大不敬律治罪”！

十二月，雍正训诫八旗都统：“最近以来，发现八旗官员兵丁内，嗜酒沉湎，以致容貌改常，轻生破产，肆行妄为者甚众。其中不乏有才能可用之人，朕实悯之、惜之。各旗都统都要清查本旗内酗酒不肖之徒，定以限期，速令悛改。能改则已，如不能改，属官员，即行参劾；兵丁即行革退，以示惩戒，法在必行。”

同月，雍正向九卿众官批评八旗官员对于丧葬等事，“每多靡费”。今后，将满汉职官，按其品级，分为等次，包括兵民丧葬，“务从简朴，毋得僭妄”，还有婚嫁等礼仪，详议定出规则，作为法令来执行。

雍正效法其父，敬老优待。他规定：年老大臣65岁以上，可以乘马进宫，由东华门入的，至前亭下马；由西华门入的，至内务府总管衙门下马。

雍正批评各省钱粮亏空尤为严厉。他说：“国家征收钱粮，必使仓库充实，有备无患。圣祖在世时，‘躬行节俭，裕国爱民’，六十余年以来，‘蠲租赐复，殆无虚日’。最近，已见各道、府、州、县亏空钱粮的不少。究其原因，或是上司勒索，或为自己侵吞，岂都是因公挪用？皇考仁慈，不忍心即正典刑。所以，你们每恃宽容，‘毫无畏惧，恣意亏空，动则盈千累万’。督抚明知其中有弊，曲相容隐，乃至万难掩饰，往往改‘侵欺’为‘挪移’，限期追补，视为例行公事，拖延数年，只存‘追补’的虚名，事实上都全无一点着落。一旦地方有急需，不能支给供应，关系重大。朕深悉此中弊端，本应马上清查，重加惩处。但已成积习，姑且从宽处理。除陕西省外，各省限以三年之内，凡有亏空，务期如数补足。不得借机搜括民间，不得寻找借口掩饰。如限满而未补足，‘定行从重治罪’。三年补完后，若再有亏空，绝不宽贷！”

雍正还命户部将他的谕旨传达给各省督抚执行。

钱粮亏空是康熙帝晚年为政的一个严重问题，在后面还要详细说明。这里引述雍正的谕旨，是想阐述他初政的思想，及与康熙的相承之处。

河工一向为康熙所关注，他不惜动用巨资和大批人力，常年坚持维修，故变水害为水利，保证农业连年丰收。雍正对此亦毫不松懈，他即位一个月，河道总督陈鹏年报告：秦家厂等处堤工，河水漫溢，请示解决办法。雍正当即批示：“此漫溢之处，不于岁前堵筑完竣，来年桃汛水发，愈难办理。”命陈鹏年等“务于岁前速行堵筑完竣”。

雍正的指示，简洁明确。他懂得冬季兴修水利易成，若至来年春，冰解而春雨连绵，则无法修治的道理。所以，他的指示是符合实际情况的。

雍正从十一月二十日即位，到年底，只有一个多月，虽然诸事纷繁，康熙时的事未了，又累添新事，他却应对自如，手批口答，井井有条，遇事果断，指示明白，决无含混不清或模棱两可之嫌。亦见其精明练达，胸有成竹，决事干净利落。他以45岁的成熟年龄继登皇帝之位，无如幼童皇帝还需大臣代管，他事必躬亲，件件自己去处理。

雍正即位后，在短短的时间里，已显示出承前启后的势头。清朝沿袭了秦代以来主要是明代的封建专制政体，重建了一代新王朝。封建专制政体，就是中央集权与君主专制的紧密结合，二者合二为一，君主即皇帝，则处于中央权力的支配地位。君主专制越强大，专制政体就越严密、完善。自朱元璋建明朝始，不断强化君主专制，把封建专制制度发展到了一个新阶段。清朝在此基础上，继续强化君主专制，集历代之大成，全面发展了封建专制制度。在顺康时期，主要是康熙朝，已使君主专制发展到新的阶段。他对君主专制有一个明确的说法："天下大权，唯一人操之，不可旁落。"他说的"唯一人"，自然是指皇帝一人。他深刻地总结了明朝太监专权的历史经验教训，决心不使国家大权"旁落"，"国家唯有一主"，由他一人独操。康熙亲政五十余年，君主专制得到了空前发展。雍正即位，沿着康熙开创的道路，把君主专制推向了顶峰。

雍正即位时，已经45岁，是政治上成熟的年龄。他长期生活在父亲身边，耳濡目染，从父亲那里学到了很多为政的思想和方法，特别是在执行父亲指派的各项政务中，积累了政治经验。他即位伊始，便仿效父亲，建立以他为核心的新的统治系统。一方面，他反复宣示："朕当永遵成宪"，继承已故皇帝的所有制度，"不敢稍有更张"；另一方面，他毫不迟疑地采取新措施，加强和巩固他的君权不受任何侵犯，保证最高权力的和平过渡，更重要的是，维持国家长期稳定的局面。

雍正初政，最值得重视的一项新举措，就是建立了"密折"制。实际上，这不是他的发明创造。康熙五十一年（1712年），康熙即已提出"密奏"的办法：要求朝廷内外大臣在各自向皇帝的"请安"折内，附奏机密要事，主要是揭发所见官员的种种不法之事，以及民情、政情的动向等。密奏之事，只给他一人看，其他任何人不得知晓。康熙的本意，是针对那些贪官污吏而行此办法，并使各级官员处于相互监督之下，使权力统归于皇帝之手。雍正把康熙实行的“密奏”办法进一步具体化，把它作为一项制度加以推行。他规定：在京的满汉大臣、外省的督抚提镇等中央与地方官员，均行“密折”制度，尤其是在京的科道监察官员每人每天上一道“密折”，一折只说一件事，不论事之大小，都要据实写明，即或无事可言，在折内亦必声明无事可奏的原因。所言正确，他就采纳实行，说得不甚妥当，他就把折子“留中”，不批转朝臣，不使任何人知晓。如涉嫌报复，诬陷好人，他也能分辨清楚。密折内容，不许与他人商量再写，如泄露给他人，知情者即可举报。至于能当面揭发，或弹劾权臣，或更革弊端，不妨仍以奏章公开明言。这一密折制度，使群臣相互监督，相互揭发，更有科道等专职监察官员进行公开督察，朝廷内外官员的一言一行，不论是明的，或是暗的，都在他们的视野监视之下。每个官员都对雍正负责，也就是说，他们都在雍正的掌握之中，其权力都集中在雍正之手，达到了集权于皇帝的目的。

历代统治集团内部的权力之争，争夺储君之位是一个重要方面。雍正即位前亲身经历了诸兄弟争当太子的激烈斗争，感受到了这一斗争所带来的危险和损害。父亲晚年为此伤透了脑筋，引发诸多烦恼，不再明立太子，迟至去世前才宣布。这启发了雍正，为避免他在位时再发生太子之争，威胁君权，他决定改革传统的做法，不明立太子，而是由他秘密选立，到他死时再公布。雍正元年八月，他向群臣宣布了建储的新规定：由他暗定储君，亲写名字，藏于匣内，放在乾清宫“正大光明”匾额的后边。他还另密写同一名字，密封于一匣内，随时携带，以保证在他突发重大变故时，仍能按他的意愿，使他所选定的储君能够顺利即位。自此，这一制度一直延续到清亡。秘密建储，以及密折制，无疑提高了雍正的绝对权威，他也取得了对臣下与皇储的完全控制权，保持了统治集团内部的高度统一。

雍正即位时，面临最严重的威胁，是在统治集团内部存在一个政治派别：以他的八弟胤禩和九弟胤禟为首的政治集团，联合朝廷中部分大臣和皇室成员，形成一股实力雄厚的政治势力，处于同雍正相对立的地位。这股政治势力，是在康熙晚年诸皇子为争夺太子之位的明争暗斗中逐步形成的。

康熙一生有子35人，除早殇及夭折，长大成人的有23子。但圣祖早在康熙十四年（1675年），他22岁，只生有两个儿子时，就确定皇后所生的嫡长子（按齿序，排行第二）胤礽为皇太子。是年，胤礽才满周岁，就被隆重地推上了嗣君的宝座。一晃三十多年过去了，胤礽的诸弟相继出生，陆续成年。康熙的身体状况良好，还不到60岁，尚不见衰老的迹象。在这长期的等待中，父子之间、兄弟之间，尤其是太子与诸子之间，早年那种和谐的关系逐渐被打破，随之而来的矛盾日益尖锐，各集团之间的纷争也拉开了帷幕。

争斗的目标，自然是争当太子。毕竟胤礽为太子，地位优越，追随的人多，故其实力雄厚。以他的外祖父大学士、领侍卫内大臣索额图为首，坚决捍卫外孙胤礽的太子地位。反太子的一派，是以大学士明珠为代表，他是皇长子胤禔的舅父，因胤禔为庶出，虽排行为长子也不得立为太子。明珠不甘心，就联合一批重臣，为胤禔争夺太子之位。后被康熙发觉，明珠及其同伙都遭到罢斥。康熙三十七年（1698年），康熙大封诸子，如长子胤禔、四子胤禛、八子胤禩、九子胤禟、十子胤䄉、十三子胤祥、十四子胤祯等，或封郡王，或封贝勒。他们变得有权势，就同太子进行较量，力图把太子打下去。康熙为各种流言所迷惑，对太子胤礽不免生疑。索额图结党以助太子夺皇位的图谋被圣祖察觉，遂于康熙四十二年（1703年）将索额图逮捕，后将其处死。至四十七年，康熙对太子胤礽完全失望含泪废弃，予以拘禁。争当太子的第一个回合告终。

太子被废，其位空缺，诸皇子各怀奢望，斗争更趋激烈。胤禔与胤禩结为一党，他们谋害废太子胤礽的图谋被揭露，康熙下令，革去胤禔的王爵，终身拘禁，同时也革去胤禩的贝勒爵。胤祯为其辩护，康熙震怒，拔刀几欲杀他！又一个回合的斗争暂告结束。

康熙为诸子争当太子非常伤感，比较各子，又想到胤礽的许多好处。经查，以前所告胤礽的种种劣迹多有不实，即于第二年三月，宣布复立胤礽为太子。不料胤礽对自己当了40年的太子已不耐烦，急于当皇帝，忘记了父亲的一再告诫，有意交结朝中大臣，向康熙施加影响，欲逼康熙尽快把皇帝的宝座让给他来坐！父子之间再起风波。康熙再度挥泪于康熙五十一年（1712年）九月宣布废除胤礽的太子名位，受牵连的诸大臣都受到严处。从此，直到康熙去世前，再也不谈立太子之事。

在诸皇子角逐太子时，独得大利的是四子胤禛。开始，他也参与了反太子的明争暗斗，与诸兄弟关系密切。但是，当康熙第一次废胤礽时，他的长兄及几个弟弟都因结党而受到谴责或处罚，他就不再同他们共谋，而与十三弟胤祥结好，举止极谨慎，静观事态的变化。在此后的政治风波

中，他几乎不受牵连。胤禩、胤禟、胤祯、胤䄉等结为同党，还在继续活动。实际上，胤禛一派势力虽弱，仍在暗中与胤禩一派较量。不过，做得更隐蔽，不动声色罢了。

康熙临终留下遗言，把他的皇位传给了胤禛。这使胤禩、胤禟等竞争者大感意外，愤愤不平，心中的积怨溢于言表。于是，流言四起，传出胤禛夺位的议论。此件大事，实属清宫之谜。长久以来，许多学者为此作了一系列考证，断言胤禛的舅舅隆科多与他合谋夺了帝位。凡此说法，事出有因，查无实据，大抵是因为胤禩集团的不服气而散布的流言。不管怎么说，自康熙后期持续近20年的储位之争，总算有了一个结果。胤禛如愿以偿，与他一起争夺储位的诸兄弟都以失败告终。

但是，斗争并没有止息。胤禩集团还存在，他们内心的不满和积怨，很可能成为引发政治“火山”爆发的导火索。精明过人的雍正，从正式即位前后就已感受到了胤禩（雍正即位后，为避名讳，其他皇兄弟都改为“允”字排行。十四皇子胤祯又因“祯”与“禛”同音，而改名为“允禵”）集团的威胁。因为他们都是皇子，带有极大的危险性，比起康熙当年对付异姓鳌拜集团，更复杂、更艰巨。雍正没有别的选择，唯有彻底消除这个集团，才能真正建立起他的君主专制，维护国家安定的局面。

雍正一得到父亲的遗命，便迅速行动，立即接管政权。他居丧的第二天，命八弟允禩、十三弟允祥、大学士马齐、理藩院尚书舅父隆科多四人为“总理事务”大臣，处理日常国事，规定“所有启奏诸事”，均交四大臣；凡有雍正谕旨，“必经由四大臣传出，并令记档”。雍正撇开内阁、议政王大臣会议，任命四大臣组成最高权力的核心，总理朝政，直接对他一人负责，保证国家权力高度集中，防止“异己”趁治丧之机生乱。雍正最嫉恨允禩，但也深知他最有心计，在诸兄弟中享有很高威望，如没有他参与，朝政就难以正常运转。雍正重用他，实际是安抚并稳住他。允禩心里也很明白雍正的用意，所以，当其妻的亲属向他祝贺担此重任时，其妻却说：“有何喜可贺，恐不能保其首领耳！”

此时，允禩的同党、十四弟允禵以抚远大将军率师驻守甘州（今甘肃省张掖市）。康熙生前，派他统三路大军，进兵西藏，驱逐准噶尔叛军。战事结束，他就留守于此，已有四年。雍正深恐他拥兵在外，易生不测，就以治丧的名义，把他调回北京。然后，把他的同党九弟允禟调出北京，派往西宁驻守，以代替奉命回京的允禵。恰巧，喀尔喀泽卜尊丹巴胡土克图在京圆寂，雍正趁机将他的十弟、党附允禩的敦郡王允䄉、世子弘晟派作专使，护送胡土克图龛座赴喀尔喀。四月，借安葬康熙梓宫于景陵，命其党羽、三兄诚亲王允祉留下，不得回京。已回京的允禵，不让他住在北京，而留在圣祖陵寝附近的汤泉地方居住。允祉与允禵都兼文武之才，为父亲生前所器重，在朝中也享有威望。雍正将他们调离北京，去看护父亲的陵寝，明明是贬斥，虽保留王的爵位，在政治上已无所作为。经此调动，以允禩为首的政治集团四分五裂。后来，雍正公开了他的这一意图：“朕即位以来，离散伊党，令居远地，唯望伊等改悔前行，不致生事，罹于国法耳。”由此可见雍正大政治家的手段，是他的诸兄弟所难以比拟的！

雍正一面分化瓦解允禩集团，一面给他的部分兄弟子侄和亲信大臣加官晋爵，来增强他的政治实力。在他即位前后，先后赐封允禩为和硕廉亲王、允祥为和硕怡亲王、允陶（排行十二）为多罗履郡王、废太子允礽之子弘皙为多罗理郡王、宗室固山贝子苏努为多罗贝勒。刚举行完即位大典，雍正马上给拥戴他而立下第一功的舅舅隆科多晋爵，准予承袭其父佟国维一等公爵，与大学士马齐同授阿达哈哈番世职，命隆科多为吏部尚书，兼管步军统领；以允禩为理藩院尚书、允祥总理户部三库事务，等等。在晋封他们之后，雍正继续给他的兄弟和宗室及亲信大臣加封。在他加封的人中，既有他的亲信，也有他的政敌、异已，他都一体关照，极力做出政治和解的姿态。他在即位诏书中强调："朕缵承大统，朕之昆弟子侄甚多，惟思一体相关，敦睦罔替，共享升平之福，永图磐石之安。"后来的事实，则说明此刻雍正所做的表示和姿态，不过是一种政治策略，安抚反对派，不滋生事端，保证国家政权的和平过渡。

雍正即位才两个多月，针对他用人和封爵，不时传来各种"流言"，这使他感到恼怒。雍正元年（1723年）二月的一天，他召集总理事务王大臣和诸王大臣，发泄心中的怨气："外间匪类，捏造流言，妄生议论"，如处分一人，就认为"朕报复旧怨"；如提拔一人，又说"朕恩出于私"。雍正曾惩治了允禟王府中几个不法太监，不料又起风波，竟传出"凌逼弟辈"的恶言，雍正不禁愤怒地说：如此"扬言无忌，悖乱极矣"。

允禩和他的同伙继续与雍正作对。他们消极怠工，对雍正的谕旨并不认真执行，甚至公开对抗。雍正命允禟赴西宁，他却迟迟"不肯起程"，催促他，他屡次推诿，故意迁延时日。允禩优封亲王、任为总理事务大臣，不但没有痛改前非，仍"肆行悖乱，干犯法纪"，办事不出实心，每每草率从事。允䄉奉命护送胡土克图龛座出使喀尔喀，不肯前往，谎称雍正命其进口，竟在张家口居住！还有允禟，差往西宁居住，擅自派人前往河州买草，“抗违军法，肆行边地”。

允禩、允䄉、允禟等都听允禵的“指示”，马上“遵行”，却无视雍正的谕旨。雍正忍无可忍，就在诸王大臣面前，屡次点名痛斥他们“妄为”。雍正首先惩处允䄉，命革去王爵，“调回京师，永远拘禁”。

散布流言蜚语，向雍正的君权挑战，不执行他的意旨，无疑是对他的藐视。这些，也只有他的诸兄弟中的反对派才敢做出来！这表明，在他身边的确存在一股强大的反对势力。雍正把它看做是“朋党”，对满汉文武大臣们说：“朋党最为恶习，明季各立门户，互相陷害，此风至今未息……尔诸大臣内，不无立党营私者，即宗室中，亦或有之。”他警告诸臣特别是他的兄弟们：“有则痛改前非，无则永以为戒。”他也仿效父亲圣祖生前的做法，贯彻其为政的思想，一再提醒他的诸兄弟和王大臣，他的君权不容怀疑，更不许有丝毫侵犯。如他说：“天子简用所知之人，乃分内之事，非臣下所可妄议也。”又说：“朕为普天率土之主，尔等莫非王臣，若任尔等之纵恣，朕何以对圣祖皇考乎！”有一次，他对诸王大臣又强调做天子的权威，说：“国家设官分职，各有专司，而总揽万几，全在一人之裁决！”这番话，同康熙所说国家大权“唯一人操之”如出一辙。类似的话，他说了很多很多，就是要朝廷内外诸臣同他一心一德，保持绝对一致，无条件地效忠于他。

随着时间的推移，雍正的皇位日趋巩固，特别是在外部，有年羹尧主持西北军事，平定了准噶尔部罗卜藏丹津的叛乱，青海全境安堵如故，进一步稳定了政局，社会安定，呈现出继续向前发展的好势头。雍正利用这一有利形势，凭借已稳操到手的最高权力，有步骤有计划地消除允禩集团。

雍正深知允禩在朝中影响大，追随者众多。人们常说："擒贼先擒王。"反其道而行之，先除羽翼，随时公开揭露允禩集团中的骨干人物，历数他们对新君的种种不敬和"妄行"，在朝廷和皇室中彻底孤立他们，争取人心为上，时机成熟，再一网打尽。雍正元年（1723年）十月，雍正第一次点名批评了允禩，至雍正二年（1724年）五月，雍正在诸王大臣面前，又点名批评允禩办案"草率拟罪"，连及宗室苏努（努尔哈赤长子褚英的裔孙）与其子勒什亨结党于允禟，当即革去苏努的贝勒爵位，命于十天内带领在京诸子发往右卫居住。八月，公开点名允禔、允禵、允禟、允禩等，早在圣祖时已"结为朋党"。十一月，雍正再次公开点名痛斥允禩，口气愈加严厉，一开始就说："廉亲王存心狡诈，结党营私。自朕即位以来，凡遇政事百端阻挠……"他只是"切加训诫"，并未降一级、罚一俸，允禩竟"无改悔之心"。接着，他批评："在廷诸臣尚为廉亲王所愚，反以朕为过于苛刻，为伊抱屈。"由此看来，"党援终不能解散也。党援必由众人附和而成，若廉亲王一人，何所恃而如此行为乎。"他再次警告群臣如能革心改正以前的错误，那么允禩"党散势孤，朕得以不伤骨肉手足之情"。雍正的此番讲话，明确点到允禩的要害问题"结党营私"。显然，他对允禩集团的斗争已开始升级。他之所以还不想处分允禩，正是因为他已指出的，群臣还在附和允禩，为其辩护，替他叫屈。这表明允禩在朝廷中还保有颇为强大的势力。为争取人心，雍正唯有当面揭露，警告群臣同允禩划清界限，进一步孤立允禩。

在不断揭露和痛斥允禩、允禩等人的过程中，逐步清除他们的党羽。如马尔齐哈、常明、七十、阿尔松阿、德宁（宗室）、鄂伦岱、阿灵阿、裕亲王保泰等，都是允禩集团的成员，他们或革职、或削爵、或充军、或被处死。允禩集团的势力进一步受到打击，已呈一蹶不振之势。

雍正三年（1725年）四月，雍正向诸王、贝勒、公、大学士、九卿及工部官员宣布："今观允禩之于朕，则情如水火，势如敌国。"至七月，雍正终于向允禩集团中的核心人物采取政治行动，革去允禵的贝子爵位；十二月，将允禟的多罗郡王爵位革去，降为贝子。

在世宗的严密监视和控制下，允禩集团已没有任何反击的能力，雍正便加快了最后解决问题的步伐。雍正四年（1726年）正月初四日，世宗召集满汉文武大臣，当众痛斥允禵到西宁后的种种不法之事，指出他与允禩、允䄉等"匪党固结"，又以毛大、佟保、六雅图、那丹珠、云敦、克什图为其亲信，隐瞒罪行。雍正下令将这几个亲信逮捕，要他们据实揭发允禵"到西宁以后如何妄为"之事。

第二天，雍正来到西暖阁，召见诸王、贝勒、贝子、公、满汉文武大臣，发表了长篇讲话，矛头直指允禩集团。他历数允禩在圣祖生前，直到他即位四年来的所有过失。限于篇幅，不能逐一列出。总之，他依据圣祖生前对允禩的批评，把允禩所有不法的言行，一股脑儿地都揭发出来，断然道：（允禩）"自绝于天，自绝于地，自绝于祖宗，自绝于朕，宗姓内岂容有此不忠不孝大奸大恶之人乎？"他一针见血地点明允禩的要害是"希图册立"为太子，谋取皇位。他再也不能容忍允禩"狂悖已极"，当即宣布："将允禩黄带子革去，以严宗谍"；至于允禟、苏努、吴尔占，"结党构逆，靡恶不为"，此三人"断不可留于宗姓之内"，也都"革去黄带子"，命宗人府将他们四人的名字除去。这一决定，是把允禩等四人从爱新觉罗家族内开除出去，从此不再属于这个家族了。

二月初，雍正命将允禩关在宗人府内看守，"圈禁高墙"，加以监禁。允禩束手就擒，其他成员随之也落网；允禟自青海被押解至保定圈禁；允禵从马兰峪被押回京师，于寿皇殿近处被"禁锢"。因为他们已被除籍，令其自己改名，允禩自改名为"阿其那"（满语，意为狗），其子弘旺改为菩萨保；允禟改名为"塞思黑"（满语，意为猪），此名是由诚亲王允祉等人拟定，经雍正批准的。允禩集团的重要成员鄂伦岱、阿尔松阿已被发往盛京，仍不改悔，雍正下令就地立即斩首处决。苏努、七十业已病故，"照大逆律"，戮尸扬灰；苏努之子勒什亨、乌尔陈在允祉处禁锢，赫世亨、鲁尔金、福尔陈、书尔陈、木尔陈、库章阿分别押往河南、山东、山西、江南、苏州、浙江等处禁锢，其余子孙留在右卫严行看管；七十之子福永被判死刑，缓期执行，另两个儿子珠栋、福明及孙子寿善交给本族人管教，其余都发往船厂（今吉林市）披甲严管。还有的因与允禩有牵连，或听命于他，或为他掩饰罪行的，也都给予了严厉处分，如和硕简亲王雅尔江阿被革去亲王的爵位，宗室永谦被革去镇国公爵。

在将允禩集团主要成员依法处理后，于六月正式公布允禩罪状40条、允禟罪状28条、允禵罪状14条。所拟罪行，皆属雍正屡次所提到及他人揭发的材料汇集而成。尽管罪行条目繁多，最根本的一条就是允禩与允禟、允禩、允禟、允禵“结为死党”，希图“大位”，而允禩“实为罪魁”，如圣祖生前所斥：“乱臣贼子，乃吴三桂之再世！”很不幸的是，允禟于八月十四日突然病故，九月十日，允禩也病故了。

## 历代治国，首重吏治

吏员清廉与否，实关国家安危。清入关伊始，就以明朝亡国为借鉴，从严从速整顿吏治，不断打击贪官污吏，吏风已见好转。康熙承其后，以整肃吏风为要务，不仅施之于法，尤重“宽仁”，伴之教化、培育，倡导儒家修身之主旨，政治清明，荡涤明末腐败之风，再现清平政治。至康熙中期，已历50年，基本实现正本清源，拨明末之乱而踏上正途，从民风、士风，到吏风，为之巨变，特别是吏风之变，带动了社会风气的好转，给社会注入了勃勃的生机和活力，促进了社会的安定和有序发展。清官、廉吏纷纷涌现出来，他们以清廉的作风和认真谋事的精神，又反过来影响了社会，继续向好的方面转化。康熙于康熙四十二年（1703年），南巡至山东济南，参观趵突泉时，提笔写下了“源清流洁”四个大字，这是说趵突泉的源头是清纯而无污秽的，流出来的水也是洁净的。用“源清流洁”四个字来概括康熙时期的吏治，亦无不当。

不过，在康熙后期，以其为政“尚宽”，吏治变得松弛，已出现败坏之象，诸如贪污、贿赂、欺隐、造假等恶劣风气，又重新抬头，且有滋漫

之势。康熙虽有察觉，仍以一生主“宽仁”，不嗜杀而自慰。纵观历代的经验教训，吏治稍纵即坏，坏而不治，便会引发社会矛盾日趋尖锐，所说“官逼民反”，皆由吏治败坏而来！康熙后期吏治松弛，若任其败坏，势必毁掉其六十年励精图治的成就，将使社会发展的势头陷入停顿，以致完全终止。在帝王新旧交替之际，是一个关键时刻，对新即位的雍正无疑是个巨大的考验。

雍正不愧是圣祖临终前选定的理想继承人，得到圣祖四十余年的培养，在成年以后，又得到圣祖的言传身教，对圣祖为政的思想了然于心。他即位后，就按圣祖生前为政的思路，继承其治国的基本方略；同时，因时制宜，根据现实出现的新问题，做出新的决策，甚至也大胆改变不合时宜的做法，以实现圣祖的遗志。

雍正元年（1723年）正月，正是传统春节的第一天，雍正做的第一件事（节日问安、行礼除外）就是发下他亲笔写的“上谕”十一道，分别对各省总督、巡抚以下，至各州县官“训谕”，总计不下万言！仅此一事，已见刚即位还不到两个月的雍正就表现出勤勉为政的精神。他在位13年，始终如一，未曾稍懈。圣祖临终前，留下遗命说：“皇四子胤禛人品贵重，深肖朕躬，必能克承大统。”姑且不论雍正是否处处都像他父亲那样，但其为政勤勉而不懒惰，却是分毫不差的！在封建社会，作为帝王能始终勤于治国，节制逸乐，是国家兴旺发达的保证之一。世宗精明强干，目光远大，有明确的政治目标，并为之奋斗不懈，推进圣祖开创的盛世继续保持着活力，从这个意义上说，雍正即位是当之无愧的。

雍正给各级官吏分别发下“训谕”十一道，不可与平常的官样文章同日而语。这不仅表达了他的为政思想和治国原则，让所有官吏都知道；更重要的是，告诫和指导他们如何忠于职守，保持清廉，不得坏法。

雍正在给总督的“训谕”中写道：“总督地控两省，权兼文武，必使将吏协和，军民绥辑，乃为称职。”特别是“澄清吏治，必本大公之心，虚怀察访”，如确实为人清廉而有名节，又才能练达，要任以要职，举此一人“可以风百”。现在，以善逢迎的指为有能力，以沽名钓誉者为贤人，甚至暗通贿赂，私下接受委托，使这些不法、品行不端的人得到推荐，“而朴实无华，敦尚实治者，反抑而不伸”，受到压制，这哪里是正道呢？他指出，有些官员刚当官时，尚能保持清廉，而官当大了，则马上改变以往的操行，古人称为“巧宦”，这类人的内心还须问吗？他希望总督各官要“察吏安民，练兵核饷”，多做实事，不务虚名，秉公而不持偏，否则“国法森严”，是难以宽免的！

雍正给巡抚一级官员的“训谕”，强调：“吏治不清，民何由安！”痛斥巡抚营私舞弊，索纳贿赂，分肥入己，加征加派，“不恤小民之脂膏，但饱溪壑于无厌”。如此“积弊，尤为国法所不容者。”他给管理学校教育的督学官员的“训谕”，表达了对“兴贤育才”的渴望；给提督、总兵等武官，分别提出了具体要求；给各省市政使的训谕，以其“任既重，责亦大”，要求尤为严厉，而实际上存在贪占、贿赂等腐败更多，雍正逐一指出，并洞察“弊源”，不烦“反覆谆且言之”，期待他们“悔且改也”，否则“三尺莫逭”！雍正训谕各省按察司，执掌大小狱讼，“民命所关”，必得“肃清纲纪，无致废弛”；他一针见血点明问题根源：“总之，病官、病民，悉缘贪黩”，即由贪污而来。如“因循不改”，

“必置于重法”。他在给副将、参将、游击等将官的训谕中，明确指出存在的问题，就是“营伍废弛，为害最大”。究其原因，仍为“将弁之贪利而废法”：一是冒虚粮而兵无实数，一是克扣月粮而兵有怨心。因此，上亏国家的粮饷，下盘剥士卒之脂膏，办理军务，不能廉正服众，谁肯用命！雍正警告他们：如“恣意逞威虐民生事，为害于地方，王法森严，绝难轻贷！”

雍正向各省知府发出训谕，以其官处下层，“与民最亲”，着重说明，这一级官员为“吏民之本”，老百姓所以能安居乐业，没有“叹息愁恨之心”，关键是政治平和，诉讼合理。他鼓励知府官员以先代“循吏自勉”，如“徇私纳贿，不能率属爱民，贻害地方”，绝不宽恕！

知州、知县官是国家基层官员，尤其值得重视，如雍正所训谕：“朕惟国家首重吏治”，州县官“乃亲民之官，吏治之始基也”。他是说，州县官是吏治的基础，虽说品级卑下，职任实属重大。他打了个比方：一个省的吏治，如同盖一座房子，督抚大员作为栋梁，司道官员就是墙壁，州县官就是“基址”。民为邦本。固邦本，就取决于吏治，而吏治之本则在州县。如州县的品行不端，就如同基址不立，那么，房子就不牢固。这又取决于州县官能否做到清廉自持，实心尽职。其中钱粮，关系尤重，一丝一毫一粒，都是百姓的脂膏，“增一分，则民受一分之累；减一分，则民沾一分之泽”。他指出，近年乱加“火耗”，粮银亏空，百姓怎能承受住？他严令禁止，如被发现，“必从重治罪”。

雍正一次就发出十一道训谕，针对各级官员，既讲明道理，又指出存在的问题，以及改进的方法，公布奖惩原则，娓娓道来。除此十一道，他又给内阁大学士、八旗官员分别发出明谕，这在历代帝王中实不多见。这十一道训谕已清晰地展示出他为政的思想，他把理论的阐释与实际问题紧密地结合起来。看得出来，雍正观察问题极富深刻性，他提出为官“名实相符”的思想，颇有创新之意，成为他澄清吏治、培育新吏风的指导方针。

雍正提出的“名实说”，是他熟读“史册”，从中总结出来的。他给督抚的训谕，首次阐述了这一思想。他认为，凡为政，总不过是“兴利除弊”，必“以实心，行实政，实至而名亦归之”。所谓“名者，实之华也”。用今天的语言表达，名与实，亦即内在与外表，换言之，就是实践的效果与应得的评价。“名”不过是“实”的华美外表。只有做实事，“而后名归焉”，即得到美名，受到称赞。他具体阐述，如“洁己爱民，奉公尽职”，这就是“实”；“治事优异，民歌舆诵”，这就是“名”，即“实至而名归之”的意思，如根本牢固，才能展现出华茂的盛状。他抨击官场对“名实”的歪曲，说道：“现今当官的人，钓誉以为名，肥家以为实，而名曰：名实兼收。”在吏治松弛，腐败日行的情况下，士大夫都标榜“名实兼收”，他们所说“名”者，“官爵也”；所谓“实”者，“赀财也”；“以献赂为实，虚誉为名”，动不动就说“名实兼收”。又有的“以弋取虚誉为名，而以封殖多藏为实”，更有“矫饰虚声，潜纳贿赂，陋俗相沿，谓之名实兼收”。凡此种种，官场中盛行的这种“名实兼收”论，实则是以权谋私的遮羞布，在它的掩饰下，谋官、谋钱、谋利，全在于谋一己之利，就是不肯为国家、为百姓做一件实事，不愿为他们谋利益。由此可见，康熙晚年的吏治已出现败坏的迹象，先由思想变坏开始，道德水准下降，随之行为趋于低下。值得庆幸的是，雍正已敏锐地发现了这个事关国家安危问题的严重性，及时地予以揭露，是很深刻的。如他所说："朕惟国家首重吏治。"一即位就从整顿吏治入手，拨乱反正，澄清思想，批驳谬论，及时地阻止贪风的滋长蔓延。

在整顿吏治的过程中，雍正把握"宽严相济"的原则。在这方面，他却有自己的认识，自成一家之言。雍正七年（1729年）五月，他根据数年为政的经验，终于向大学士和九卿官员明确阐述了自己的理论，他说："自古为政者，皆言宽严相济。所谓'相济'者，非方欲宽而杂之以严，方欲严而杂之宽也。惟观乎其时，审乎其事，当宽则宽，当严则严而已。如十人当赏，则俱赏之，断无以赏者太多，而舍一二人不赏之理；十人当罚，则俱罚之，断无以罚者太多，而宽一二人不罚之理。即如户部也，综核钱谷，惟在公平。直省征解钱粮，其不足者，固当查核，若余于额数之外者，岂遂不当查核乎？即如刑部也，按律定罪，务期明允。直省审谳重案，其间失出者，固当驳诘，若失入而致冤抑者，岂遂不当驳诘乎？总之，宽严适协其宜，乃为相济，非参杂于宽严之间，而为子莫之执中也。譬之饮食，原相需也，然亦当饮则饮，渴者不可以食解；当食而食，饥者不可以饮充，若强饥者以饮，强渴者以食，是相背也，岂相需之道乎！"

雍正的这篇讲话，极富哲理，阐述清晰，深入浅出，明白易懂。比较圣祖的主张，两人大不同，各主一道。康熙主张："治天下之道，以宽为本。"推崇古人"多一事不如少一事"的说教，"以不生事为贵"。这种思想，在他晚年尤其突出，简直是"无为而治"，遇有官员犯事，能宽则宽，能免则免，在他的思想中，已没有"严"处的想法。

这就是宽严失调，把政治引向宽而无束的方向，难怪钱粮亏空千百万，各级官员风气转坏，已到了熟视无睹的地步！雍正主张从实际出发，该宽则宽，该严则严，不能偏向一个方面而无视另一个方面，一味主宽，必使法纪松弛，人不畏法，犯者就众；而一味主严，刑罚过而不当，就会使人丧失进取心，亦有人将遭冤抑。所以，宽严相济，不失为治国之良法、整顿吏治之上策。

雍正整顿吏治，是通过表彰和重用廉吏与从严打击贪官两个方面同时进行的。雍正发现与起用田文镜，即是一个典型事例。雍正元年（1723年），山西巡抚德音报告山西去年收成甚好，并无饥民。田文镜奉命告祭华山，回京复命，将所见山西饥荒歉收情况详细汇报。雍正很感动，认为他经过山西，民间疾苦，并不是他的责任，却能直言无隐，如不属有“忠国爱民”之人，怎能做到这一点？于是，即命田文镜前往山西，办理赈灾事宜。他尽心竭力，圆满地完成了使命，雍正任命他为山西布政使。在任内，将历来积欠亏空钱粮及地方种种弊端，逐一剔除清理，“吏治整顿一新”。因河南诸事废弛，故将田文镜又调为河南布政使，很快又提升为河南巡抚。三年来，田文镜整饬河工，堤岸坚固，黄河安流，连续三年丰收。他秉公洁己，不搞私交，绅衿畏法，地方安宁，雍正对他的表现非常满意。雍正四年（1726年）十二月，雍正召集满汉文武大臣百官，评述田文镜的业绩，称他“实为巡抚中之第一”，把他树为洁己奉公的榜样。适值浙江道监察御史谢济世参奏田文镜，告以“党私负国、贪虐不法十罪”。雍正完全信任田文镜，在群臣面前代为担保说：“田文镜秉公持正，实心办事，乃天下督抚中所罕见者，贪赃坏法之事，朕可以保其必

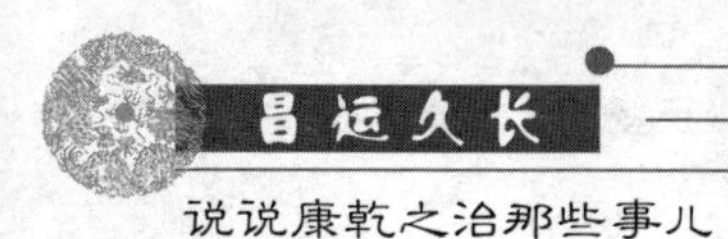

无。”他命大学士、九卿等官员审查此案。结果，“满汉大小臣佥云：田文镜并无贪婪之事，谢济世所参各款皆虚”。雍正痛斥谢济世身为言官，“颠倒是非，扰乱国政，实大有害于人心世道，为国法之所断不可容”。当即将谢济世革职，发往阿尔泰军前效力赎罪。

原来，田文镜参劾河南属吏黄振国、汪诚、邵言纶等人贪赃不法，谢济世为他们鸣冤。在此之前，已有从广西巡抚升任直隶总督的李绂来京陛见时参劾田文镜，两人所参内容一模一样。雍正即断为“结党营私”，“排挤倾陷”。当诸臣逐条核实田文镜之不法事，谢济世“茫无凭据，俯首无词”。雍正指出，谢济世“受人指使，情弊显然”。他说，他前曾发下旨意，有被上司参劾的官员，允许到都察院控告申诉。黄振国、关瞰、汪诚、邵言纶等被参，为什么不去申诉？竟“暗结党援，将本身所犯之罪，巧为掩饰，钻营李绂密奏，今又指使谢济世挺身陈奏”，显系结党，报复私仇，推翻已结之案！雍正最痛恨结党，一经发现，绝不宽恕。前已将案中人黄振国逮捕，上列其他官员不过罢官。现在，发现他们结党，排陷好人，世宗以“法所难容”，将黄振国、汪诚处死，邵言纶、关瞰发遣边疆充军。

在处理田文镜被劾一案中，雍正特颁谕旨：“言天下巡抚中，实心任事，不避嫌怨，为国为民者，唯田文镜、李卫、杨文乾三人！”李卫时任浙江巡抚、杨文乾任广东巡抚，均以政绩显于朝廷。雍正六年（1728年）五月，世宗再次表彰田文镜，向内阁通报说：“田文镜自到河南以来，忠诚体国，公正廉明，豫省境内，吏畏民怀，称为乐土……从前三年，收成丰稔，而今岁八府各州，二麦复登大年。又如连年豫省黄河工程，当暑雨时行之际，全无泛滥……吏治民风之善，实为直省第一。”他要求与河南邻省的山东，“以田文镜之精神，办理两省之事”。他本想把田文镜调为他省总督，但虑及田文镜为河南官民爱戴，不忍心调离，临时定制，设“河东总督”，由田文镜任此职，管理河南、山东两省事务。他声明，此项决定是他“因人设立之旷典”，下不为例。

与田文镜同受表彰的，还有云贵总督鄂尔泰。雍正称赞鄂尔泰“公忠诚勤，实心任事，是以云南地方连岁丰登”。他不禁感叹：“若各省督抚皆如田文镜、鄂尔泰，则天下允称大治矣！”

雍正鼓励有胆识，敢于直言而正直的大臣，力图树新风，力诫阿谀奉承、不说真话的恶劣习气。雍正刚即位，时任检讨官的孙嘉淦上疏，言三事：亲骨肉、停捐纳、罢西兵（指青海用兵）。雍正召集大臣，出示此疏，严厉责备翰林院掌院学士道：“翰林能容忍这个狂士吗？”这位学士叩头谢罪。大学士朱轼在场，慢慢地说道：“此生诚狂，但臣佩服其胆量。”过了一会儿，雍正不禁大笑：“朕也不能不佩服他的胆量！”雍正立刻召见他，经谈话，即授以国子监司业。过了几天，用手指了指孙嘉淦，对群臣说：“朕即位以来，孙嘉淦每事直言极谏，朕不但不怒，而且还感到高兴，你们应当效法他。”

雍正大力表彰清官，树立榜样，以正吏风；同时，他动员各级官员揭发贪黩不法、侵吞公帑、勒索百姓、行贿受贿等贪官，一经核定属实，就马上处理，尤其是抓住大案、要案，从重定罪，起到震慑人心、贪官敛迹的作用。

雍正处理年羹尧、隆科多，就是在全国引起巨大政治震动的案件。

年羹尧以平定青海的功劳，受封为一等功。雍正赏给他金黄服饰、三眼花翎、四团龙补；其子年富封为一等男爵；其家奴魏之耀赏四品顶戴。这些崇高的荣誉和宠幸，是前所未有的。宠极生骄，他变得骄横，目空一切。例如，他进京时，公卿大臣在广宁门外跪接，他骑马而过，“毫不动容”，王公有下马问候的，他也只点点头而已。朝中大臣给一个外省总督下跪迎接，既无前例，也从无此项规定。及至见雍正时，他在“御前箕坐，无人臣礼”。年氏原属世宗即位前雍府的人，关系密切，雍正即位，他有拥戴之功，受命赴甘肃，以钳制抚远大将军允禵。所以，他特别受到雍正的宠信，被委任为川、陕总督，又兼掌甘肃的军政大权。年羹尧自恃受宠，陕、甘、川三省军政大权在握，目无朝廷和法纪，任意乱来。还在雍正二年（1724年）时，雍正即已看出年羹尧、隆科多“大露作威福、揽权势光景”，已授意朝中部分大臣“皆当疏远之”，使之觉醒，否则，“此二臣将来必至不能保全”。

雍正三年（1725年）三月，年羹尧的问题开始公开败露。他在“日月合璧、五星联珠”的奏贺本中，误将“朝乾夕惕”写作“夕阳朝乾”，而且奏本“字画潦草”，雍正不禁大怒，斥责他：“自恃已功，显露不敬之意，其谬误之处，断非无心！”四月，雍正向大学士们公布已掌握在手的年羹尧的过犯：妄行推举庸劣的胡期恒为山西巡抚，妄参道员金南瑛等人；青海蒙古饥馑，隐匿不报，等等。雍正说：“年羹尧从前不至于此，或系自恃已功，故为怠玩……如此之人，安可仍居川、陕总督之任！”便将他调离陕西，补授杭州将军。但年羹尧得此令，迟迟不动身，亦不愿交出大将军印，希图留任。被迫赴杭州途中，在河南仪征，逗留不走，幻想雍正回心转意，把他再调回来。这又激怒了雍正，严令其不得逗留，速赴杭州。雍正见他无改悔之意，几次命他回奏，对已揭发的问题作出解释，他却是支吾掩饰，前后矛盾，不肯认错。雍正遂通知有关部门对年羹尧的问题展开调查。至十二月，议政王大臣与刑部正式提交年羹尧的罪证，称："年羹尧反逆不道，欺罔贪残，罪迹昭彰。"据报，弹劾及提供罪证的案牍，如"邱山之积，罪恶逾溪壑之深"。其罪状计有：大逆之罪5、欺罔之罪9、僭越之罪16、狂悖之罪13、专擅之罪6、忌刻之罪6、残忍之罪4、贪黩之罪18、侵蚀之罪15，总计为92款大罪。

年羹尧获罪如此之多，实属惊人。在此之前，在所有犯罪人之中，他该居于首位！政治上触犯皇权，可以按皇帝的旨意定罪，自不必细说，唯其经济方面犯罪，有实物或贪占银两为证，远比政治犯罪更有其实在性。这里，只列举贪黩18罪款中几项数字也就足够了。如，接受经他题补官员的感谢银为40余万两，勒索捐纳人员额外银24万两，私占咸宁等十八处盐窝，勒令四省效力人员每人帮银4000两，在浦州截获私盐值银1万两入已；其侵蚀之罪15，其中，冒销四川军需160余万两，又加派银56万两，侵用康熙六十年至雍正三年俸工银14.9万余两，抄没塔尔寺（今青海境内）内之物私自变价1.4万余两，砍取桌子山木材，借称公用，存贮入已，等等。年羹尧以贪污、挪用、侵占、受贿、强夺、巧取等手段，已积累赃私巨万，还经营房地产、典当、贩卖马匹、木材，所得不义之财又不知凡几！称他为贪得无厌的大贪污犯，一点也不过分，这只有乾隆朝的贪污巨犯和珅可以与之相比。他借用手中的封疆大权，自行其是，形同割据，如一独立王国。这些事，自然不是他一人所为，他的部属、家仆都参与了不

法活动。所以，这是一个以年羹尧为首的贪污大集团！

就其经济贪赃，确已构成死罪！有一条法令规定：侵盗钱粮入己满300两的，斩。按此计算，年羹尧不知要死多少次！刑部据此不可赦免的罪状，判处年羹尧死刑，其家属也都从严处理。

雍正裁决的最后结果是：念及年羹尧有青海之功，不忍加以极刑，交给步军统领阿齐图，令年羹尧“自裁”，即由他结束自己的生命。其父年遐龄、兄年希尧，“皆属忠厚安分之人”，革职，免死；所有赏给年羹尧的御笔及衣物等一并收回；年羹尧的儿子甚多，唯年富恶劣，立即斩首，其余15岁以上之子，都发往广西、云南、贵州极边的烟瘴之地充军；年羹尧之妻系宗室之女，遣还母家；年羹尧与其子的财产全部抄没入官，其现得之赃银120万两发往西安，以补年羹尧在川陕各项的贪银数；年羹尧的族人有现任及候补文武官均革职；年羹尧的嫡亲子孙将来长到15岁者，都陆续发遣，不许赦回，永不许为官；有匿养年羹尧之子孙者，“以党附叛逆例治罪”。

年羹尧最得宠时，满门皆官，权倾朝野，是除了皇族之外最为显赫的家族。由他一人犯罪，累及整个家族，昔日的辉煌，顿时化为乌有，其子孙永居边地，永不得为官，再无翻身之日！处分是够残酷的，是对年羹尧罪行的极端惩罚。年羹尧够得上雍正朝的第一号贪官。雍正把一个强大的人物连同他的同伙一起打倒，在全国所产生的震动，是不言而喻的！

在处理了年羹尧之后，又揭露了隆科多的不法案件，再次震惊了朝野。隆科多是个非同凡响的人，他的妹妹系雍正嫡母，雍正即位，其母则位居皇太后，隆科多被雍正称为“舅舅”，在廷臣奏本中凡涉及他，都须书写“舅舅隆科多”，以示尊崇。特别是圣祖临终前，留下遗嘱时，朝廷大臣唯有隆科多一人在场，对雍正承继大位起到了关键作用。雍正对这位舅舅抱有感激之情，一接管政权，马上任命他为总理事务大臣。即位之初，雍正对隆科多百般推重，加官晋爵、赏赐不断，一再表彰。雍正二年（1724年）六月，他盛赞隆科多为“圣祖皇帝忠臣，朕之功臣，国家良臣，真正当代第一超群拔类之稀有大臣”。隆科多荣崇至极，无以复加。是时，隆科多主内，年羹尧主外，两人并驾齐驱，同为雍正所倚重。

很不幸，两人几乎同时铸成了一个致命的大错：他们得志便狂妄，擅权作威福，恰与雍正欲加强皇权相冲突；他们贪赃枉法，徇私舞弊等行为，又与雍正严加整顿吏治背道而驰。雍正已非幼稚少年，凡事看得明白，况且又极其精明，岂容把大权落在他们之手，任意妄为，败坏国家体制！隆科多获宠未久，如前已叙及，雍正就已发出警告，此后，也屡加提示，公开批评，隆科多并不知改正。

雍正五年（1727年）十月，在充分查证事实后，由顺承郡王锡保等出面，给隆科多定罪41款，包括大不敬之罪5、欺罔之罪4、紊乱朝政之罪3、奸党之罪6、不法之罪7、贪污之罪16。前四项罪，大抵都属擅权作威作福与君权抗衡，结党营私的性质。最后两项是不法与贪污罪共23款，所占比重最大，已超过全部罪行的一半，均属经济犯罪，如贪污、受贿，以及敲诈勒索，仅举以下几项：

勒索诈取安图银38万两，收受赵世显银1.2万两，收受满保黄金300两，收受苏克济银3.6万余两，收受甘国玺黄金500两，收受六格格（皇室之女）猫睛暎红宝石，收受李树德银2.1万余两，收受菩萨保银5000两，等

等，兹不一一引述。当罪行将要全部暴露时，隆科多将贪占勒索的金银寄藏在菩萨保家。

无论年羹尧、隆科多，都在经济上大肆搜刮，构成了他们犯罪的主要内容，也是官场中普遍存在的问题，基层官员尤其严重。他们远离朝廷，难得见天子一面，所犯“大不敬”罪甚少，几乎不存在这类问题，但经济掠夺、贪赃枉法却是普遍的。隆科多随侍皇帝跟前，自恃荣宠，忘乎所以，犯不敬、不法、僭越等罪，不足为奇。如选任官员，都须经皇帝批准。而他竟敢包揽，所选官员“皆自称为佟选”（隆科多姓佟）。所谓经雍正批准，不过例行公事，走走形式而已。年羹尧在陕西，私选官员也自称“年选”。仅此一条，即是雍正帝所不能容忍的！所以，隆科多与年羹尧身败名裂是必然的。

锡保等判隆科多斩首，立即执行。雍正召集议政王大臣、内阁、九卿等官员，宣布对隆科多的处理。他说，按罪行论，隆科多罪重，实不容诛，但念及圣祖临终授命，大臣中唯隆科多一人，如将他处死，于心不忍，改为监禁，在畅春园外附近空地，造屋三间，永远禁锢。家产不必抄没，即使抄没，也不足抵赔赃银数十万两之数，交他本旗照数追完。他的儿子岳兴阿革职，玉柱发往黑龙江当差。

论罪条款，隆科多没有年羹尧那么多，但其性质却是一样的，都构成了死罪。隆科多毕竟是雍正的亲舅舅，雍正还是网开一面，没将其处死，家也没抄，比起年氏家族的毁灭，真是幸运多了！

年羹尧、隆科多其兴也暴，其败也速，主要还是他们自身的问题：他们各自结党营私，主要罪过还是贪赃枉法，腐败堕落，是作为贪官被清除掉的。在处理年羹尧、隆科多问题时，原四川巡抚蔡珽，也以贪污、受贿、冒销藩库银共十余万两、黄金九百两等17款罪行被参劾，处以死刑。

雍正即位之初，针对圣祖晚年吏治松弛，匡正吏风，雷厉风行，不惜以重刑，打击贪官污吏，开了杀戒，处决了一些罪大恶极的贪官，他对于“贪婪不法”者，尤为痛恨，“不可宽宥”，还要“加倍惩治”。所谓矫枉过正，也是必要的。实际上，处决的只是极少数，大多是革职、降级、调离重要职务，也有的被流放充军。我们看到，雍正并不轻易使用刑法，也不完全依赖行政手段，相反，更多的是教育、训诫，使之弃旧向善。他说：“朕治天下，惟有教养兼施，劝善惩恶，此外非朕之所知也。”他这番表白，并非虚语。雍正十二年（1734年）正月，他对内阁、诸王大臣说：“朕十二年来，恳切至诚，时时训诫尔诸王大臣，所颁谕旨不下数千万言。”《雍正朱批谕旨》及《清世宗实录》中所记他的谕旨、讲话，确有数千万言。他手批口谕，议论纵横，洋洋洒洒，每每不下千百言，有不少则达万言。在《清实录》中，每页都有他的谕旨，比之圣祖都要长。但他对每事都有长短不一的批示，阐述他的政见，给诸大臣以启示。他所讲的，都是关于治道，教化各级官员公忠体国，反对贪黩不法。可以认为，他的所有谕旨、批示以及谈话，都是绝好的思想与政治教材。读到这些文件，仿佛听到他对臣下滔滔不绝地讲话，一气呵成，流畅无比。他用自己的思想和行为既影响也教育了从中央到地方的各级官吏，不仅如此，他一再强调：“朕治天下之道，首重用人。”选用人才，他都亲自“把关”，举凡“大小文武官员，俱亲加看验、考试、补用，至降革罚俸等项处分，必再三详审，务使情罪允当，不令稍有屈抑”。事实上，他都是在屡经训诫后，见其不改，或收效不大时，才施以处分的。约自雍正三年（1725年）后，吏治渐有起色，如他说：“各省吏治，今渐可观。唯四川、陕西两省劣员甚多，皆因年羹尧任用私人，举劾不公所致。”后经吏部整顿，问题也就很快得到了解决。雍正八年（1730年）四月，雍正说：“近年以来，朕留心体察内外文武大小官员，虽不尽大法小廉，而奉公守法，各勤职业者多，朕心深为嘉悦。”显然，他对八年以来澄清吏治所取得的效果是满意的。这时，雍正又采取了一项措施：对过去被参罚的官员，内外有数百人，于当年秋冬之间，予以“开恩宽免，以示奖励”，包括满汉大小官员被革职、降级、留任及罚俸、停升的，悉行宽免；但前已下旨“永停俸禄者”不得宽免。雍正说，他这样做，是给这些受处分的官员“予以自新迁善之路”。吏治已清，事实正是如此。自年羹尧、隆科多问题处理之后，官员受处分的渐少，特别是雍正八年（1730年）后，直到雍正去世，官员犯赃行贿之事明显减少，好官、清官不断涌现出来。

经过数年雷厉风行的整顿，一改圣祖晚年颓废的吏风，国家各级官吏都能够奉公守法，基本做到了廉洁自持，百姓少受其害，社会安定如故。吏风好转，社会风气随之好转。仅举一例：雍正六年（1728年）四月，河南孟津县民翟世有在路上拾到170两银，经寻找，如数还给了失主陕西人秦太，翟世有“并不受谢”。河南总督田文镜送匾嘉奖翟世有，并向朝廷申报请奖。雍正立即批示：“朕心深为嘉悦，著给七品顶戴，仍赏银一百两。”以后各处奏拾金不取者很多，“不能悉载”。封建史家常用“夜不闭户，路不拾遗”，来形容太平盛世。雍正时，社会上已出现这种景象，正是整顿吏治所带来的一个积极结果。

明朝亡国的惨痛教训之一，就是吏治腐败，政治黑暗，百姓不得活，被逼上绝路，铤而走险，终将明朝彻底埋葬。清入关伊始，首重吏治，剔除明末苛政，惩治贪官，初见成效。圣祖继其后，再加整顿，以六十年的培育，一改明末吏治颓风，社会风气随之一新。但在晚年，以天下太平，吏治松弛，圣祖以宽仁为怀，不予究治，贪污、侵冒、贿赂、怠职之风日炽，吏治有每况愈下之势。雍正即位，以政治家的远见和气魄，雷厉风行，从严从重整顿吏治，对犯赃违法的官员，不论职位高低，不论亲属故旧，均绳之以法，不惜施以重刑重判，同时大力表彰循吏清官，吏风迅速改观。事实证明，雍正的做法是完全必要的，为经济的发展和社会的稳定重新注入了活力。清至乾隆朝达于鼎盛，是雍正承康熙之余烈，承前启后，为未来的发展铸造了坚实的基础。

# 第五章 整顿吏治，巩固边防

雍正十年（1732年），军机房被改为军机处，取代了清朝初年的议政王大臣会议的地位，成为清廷最高决策机构，皇权统治进一步加强。

# 收回权力，设军机处

清朝初年设置的“议政王大臣会议”，地位在内阁之上，是中央的最高决策机构，其作用是使皇帝和各王公贵族间互相牵制，最终维护满族贵族阶级的特权地位，因此又被称为国议。其成员由满族贵族诸王及总理旗务大臣组成。后来历代皇帝为提高皇权，不断对王公旗主势力加以削弱，再加上后来参加议政王会议的议政王大臣“有半数都是王公等世袭爵位的继承者，不熟悉政务”，这样议政制度就慢慢形式化了。雍正上台后，进一步削弱了诸王公的权势。他首先收回了掌握在各个王公手里的兵权，接着在雍正七年（1729年）设立军机房，命怡亲王允祥、大学士蒋廷锡、张廷玉等密办军需事宜，协助处理一切军务。雍正十年（1732年）正式改称军机处，接受皇帝的谕旨办理各种机密重要的政务，完全代替了以前的议政王大臣会议，成为处理国家军事、政治等重大事务的常设核心机构。军机处的设立，标志着清代皇权进一步的加强，封建专制已达到了登峰造极的地步。

雍正元年（1723年）八月，青海的和硕特蒙古部落首领罗卜藏丹津率部叛乱，叛军攻打西宁，形势危急，于是雍正命令川陕总督年羹尧出兵平定这场叛乱。经过激烈的交战，10万余名叛军投降清军，叛军首领罗卜藏丹津逃往柴达木。雍正二年（1724年），清廷封四川提督岳钟琪为奋威将军，再次率兵追杀逃往柴达木的叛军余部，经过化装的罗卜藏丹津再次逃到了准噶尔部。准噶尔部本来就与清廷为仇作对，在康熙年间就曾爆发过叛乱，在被康熙亲征平定后，准噶尔首领噶尔丹的侄子策妄阿拉布坦又率领部下侵入了西藏。康熙五十七年（1718年）康熙命皇十四子胤祯为抚远大将军，指挥大军进藏平叛。康熙五十九年（1720年），清军重创准噶尔叛军。康熙六十年（1721年），抚远大将军胤祯驻扎到甘州（今甘肃省张掖市），对准噶尔叛军采取进攻态势，双方处于相持状态。罗卜藏丹津逃到准噶尔后，清廷给准噶尔部写信要求送还罗卜藏丹津，策妄阿拉布坦拒绝交出。这时雍正刚即位，地位还不稳固，政府也没有充足的财力。这样，清朝暂时没有发兵主动进攻，采取了守势，但是清廷一刻也没放松对准噶尔同西藏关系及准噶尔对喀尔喀蒙古侵扰的注意。雍正五年（1727年），策妄阿拉布坦死，其子噶尔丹策零继位，雍正认为时机成熟，开始筹划用兵事宜，计划讨伐准噶尔，以免去国家心腹之患。

雍正七年（1729年）二月，一切准备就绪，雍正发布了上谕，在上谕中他罗列了准噶尔的罪行，大举发兵进攻准噶尔。可路途遥远，一切军需粮草供应，急切需要有一个机构专门办理，而且军报很多很紧急，也需要快速的处理，更需要谨慎周密。为了战事的顺利进行，雍正在雍正七年（1729年）六月发出一道上谕，设立军机房，并命怡亲王允祥、大学士张廷玉、蒋廷锡主持办理军需一切事宜，办公地点在隆宗门内、乾清门外偏西的小平房内。雍正八年（1730年），改名为办理军机处。雍正十年（1732年）春，雍正皇帝下令大学士们商议确定军机处的印信。三月初三，大学士们遵照圣旨商议后上奏请求用“办理军机处印信”的字样，雍正立即下令交给礼部去进行铸造，并决定把大印保存在军机处，委派专职官员负责管理，同时将大印的样式通知各省和西北的两路军营。从这以后，军机处成为正式的固定机构。

军机处设立之初，主要办理与战争有关的事务。雍正九年（1731年），雍正认为山东登州是滨海重镇，所辖地方太大，只有六千兵丁，怕不够用，遂命军机大臣详细讨论，是否适当增加兵士的数量。雍正十年（1732年），西路军大本营要移驻穆垒，雍正皇帝经过慎重选择，定六月初四为移营的开始行动日期，在四月十三日命令军机大臣将日期通知岳钟琪，并要求务必将一切事宜提前留意准备完毕，但一定注意要谨慎周密，以防泄漏机密。随着时间的推移，军机处的办事范围扩大到所有的机要政事。

雍正每天召见军机大臣。寅时（3～5点）军机章京进入值房，辰时（7～9点）皇帝召见，如果有紧急事务，提前召见，每天召见一次，有时一天几次。军机大臣在接受皇帝召见后退回到军机处，按照皇帝面授的旨意，书写文件，基本内容是告诫臣工，指示用兵方略，检查核对政事，指责查问量刑处罚是否得当这些军国大事。撰批抄写完毕后，密封发出，叫做“寄信上谕”，因由内廷直接寄出，故又称“廷寄”。后经张廷玉规划，形成一套完善的制度。凡给经略大将军、钦差大臣、参赞大臣、都统、副都统、办事领队大

青年时代的雍正画像

臣、总督、巡抚、学政的，叫“军机大臣字寄”；凡给盐政、关差、布政使、按察使的，叫“军机大臣传谕”。字寄、传谕的封函表面都注明“某处某官开拆”，封口处盖有军机处印信，保密程度较高，且传递速度快捷。当面接受皇帝的口头旨意，起草抄写，发送上谕和圣旨是军机处的主要任务。军机处根据函件内容决定递送速度，函件封好口后交给兵部，由驿站来传递送达。凡是在信皮上标着“马上飞递”字样的，每天要走三百里。如果碰到紧急情况，则另外在信封上标有每天要走的路程里数，或者是四五百里，最快的是八百里。这种方式确保了中央政府指令的严格执行，传递的速度又比其他公文要快得多，提高了清朝政府行政机构的办事效率。另外，官员上奏的折子，皇帝亲自阅览批示后，在每天的寅、卯两个时刻发到军机处抄写副本进行存档。

军机处的规章制度大多数是由大学士张廷玉按照皇帝的意思草拟制定的，以后才逐渐完善起来。

军机处体制特殊，有官职没有官员，所有官员都是兼任的，没有专职官员。主管军机处的官员叫做军机大臣，具体办事的官员叫做军机章京。军机大臣俗称大军机，或者叫枢臣，从满、汉大学士、尚书、侍郎、京堂（即院、寺等衙门的堂官）内专门选定，或者是由军机章机提拔充当，没有确定的人数，一般3～10人。凡被皇帝特简到军机处兼军机大臣的官员，称为“军机大臣上行走”或“军机处行走”，资历浅的军机大臣称“军机处学习行走”或“军机大臣上学习行走”，待一两年熟悉业务后，再去掉“学习”二字。满汉军机大臣各以一个官员为首领，称领袖、领班、揆首、揆席、首席。军机章京开始时由军机大臣在内阁中书和六部

司员内挑选任用，没有确定的官员。嘉庆四年（1799年）后，改由内阁、六部、理藩院保送中书、郎中、员外郎、主事、笔帖式等官，经军机处考取引见后，记录下名字等待递补，确定满族人、汉族人章京名额各为16人。兼军机章京的官员称“军机处司员上行走”或“军机处司员”，乾隆四十五年（1780年）后，一律改称“章京上行走”。军机章京分两班轮流当值，每班满、汉各8人，由军机大臣委派资深章京两员为每班的领班和帮领班。

军机大臣的任用，主要取决于他同皇帝私人关系的亲疏，不问出身，只用皇帝自己认为亲近可靠的人。雍正年间，担当过军机大臣的有怡亲王允祥、大学士张廷玉、蒋廷锡、鄂尔泰、马尔赛、平郡王福彭、贵州提督哈元生、领侍卫内大臣马兰泰、兵部尚书性桂、内阁学士双喜、理藩院侍郎班弟、銮仪使讷亲、都统莽鹄立、丰盛额等。他们的官职，由正一品至从四品，地位相差悬殊，但他们都是深得雍正信任的宠臣。军机大臣中，经常以官员品级高的、资历深的做“领班”，被称做首席、首揆、揆席，实际上军机处并没有正式的首长，军机大臣间也没有隶属关系，各自办理皇帝交办的事宜并单独向皇帝负责。军机处办公地点在皇宫之内，就在皇帝寝宫的旁边，替皇帝办理各种国家军政重要的事务，地位非常特殊。为了防范军机处权力过大威胁到皇帝的权力，军机处没有正式的官员，军机大臣、军机章京均为各衙门官员临时调来兼任，他们人虽在军机处，但编制和归属仍旧归属原来衙门。他们之间虽有上下级关系，但后者不是前者的绝对属下，很难结成死党，而且如果有专权或者超越自身权限的举动，随时都有可能被皇帝撤去军机大臣的职务，所以这些军机大臣只有绝对听从皇帝的命令。同时军机大臣奉皇帝的旨意撰写、草拟机要政务和用兵的重大军事命令，进一步削弱了内阁的权力，这样内阁就只是草拟一般平常事务的文件了。军机处从一开始就是为办理军务而设，雍正在任命满族人军机章京时又多是从议政处调来，因此使清初以来成立的专门负责处理军务的议政处也逐渐名存实亡。可见，军机处的设立，大大加强了君主专制的集权。

军机处的内部机构在史书上没有确切的记载，只是知道军机大臣办公处称军机堂，对外行文时叫做满军机处、汉军机处。在宫内，军机堂在隆宗门内靠北、乾清门外西侧，军机堂对面的左、右两边，是满屋和汉屋。此外，军机处还有两个附属机构：一个是方略馆，开始设立于康熙二十六年（1687年），是为编写《平定三逆方略》而专门设立的，书写完后就被撤掉了。乾隆十四年（1749年），在编写了《平定金川方略》后，就成了固定设置的机构。方略馆由军机大臣一人任总裁，内部下设文移处、纂修处、校对处、誊录处、纸库、书库、档案库等机构，由满、汉纂修官、提调官、收掌官、校对官等分工负责。另一个附属机构是内翻书房，最早设置于雍正、乾隆年间，由军机大臣一人兼内翻书房的管理大臣，下设提调、协办提调、收掌、掌档、翻译等官共数十名，专门负责管理皇帝的上谕、圣旨、日常生活的记录、诗词文章、书论、经论，以及对册文、敕文、祝文、碑文、经史、讲章等进行满文、汉文的翻译工作。

雍正死后，乾隆继位。守丧期间，曾经把军机处改为总理处，到乾隆二年（1737年）又设立了军机处。乾隆初年军机大臣傅恒开创了一个人不单独接受皇帝的旨意，一个人不单独写谕旨，改原来军机大臣“单独觐见”皇帝为“一起朝见”的作风，更加强了封建君主的绝对权力。

清代军机处，是清王朝最高统治者在无意之中发现的军机房这一临时机构的基础上，有意识地进行加强而发展起来的，最终使它成了清代所特有的政治机构。它直接接受皇帝的旨意，经手办理一切重大政务，从而把军机处变为中央的主要政府机关之一，实际上是皇帝内廷的办公厅或机要室。随着军机处的确立，整个国家的施政渠道做了彻底的改变。官员向皇帝上报事情，按照原来的制度分为题本、奏本两个途径，“公事”使用“题本”，“个人私事”使用奏本，都由内阁接受办理。军机处设立后，皇帝亲自书谕或面授谕旨，军机处密寄各处，扩大奏折的使用范围，使题本成为例行公事的赘文。到了光绪二十七年（1901年），把题本也改为奏本，彻底取消了题本这种方式。

由于军机处的办公地点就在皇宫大内皇帝寝宫的旁边，它的一切活动都在皇帝的直接指示和严密监视之下进行，因而更方便了皇帝权力的行使。因此，军机处这个机构一旦建立起来，就受到雍正及其后的历代皇帝的重视，一直沿用没有废除，并逐步地完善了它的保密措施，成了即使是王公大臣要不是奉了皇帝的专门旨意，也不得随便出入的场所。皇帝召见军机大臣，太监不能站在旁边；王公大臣如果有人接到皇帝的特别旨意要到军机处听宣读上谕或圣旨，读皇帝朱笔批阅的文件或各地的奏折，只能在军机处帘堂内侧身而立，其他的官员一律不准私自进入；军机处挂的帘子外、窗户外、台阶下也不许不相关的人偷看，军机处章京的值房也是这样。承担撰写上谕圣旨的任务，必须在军机处写，而且必须当天写完，其他的事务都不允许在军机处办理。都察院派出满汉御史各一名，每天在军机处值房处巡察。军机处的印信也特别注意严加防范。钥匙均为领班之军机大臣佩带，如果有事需要使用军机处的大印，值日的章京就向奏事处提出请示，并用金牌作为证明。金牌宽五分，厚一分，长约二寸，上面刻着“军机处”字样。在这种严密监视之下，军机大臣只能兢兢业业、小心翼翼地完全听命于皇帝。这种君主集权专制的局面使封建皇帝非常满意，嘉庆年间，御史何元烺以“军务经久告蒇”为由，请求更改军机处的名称，遭到嘉庆皇帝的严厉训斥。即使在清末大改官制的高潮中，军机处也在不被考虑的行列，这成了清朝的制度。

军机处的建立，具有重大的历史意义。

首先，军机处的建立，促进了康乾盛世的巩固和发展。

康熙皇帝到了晚年，施政的缺点是过于仁慈宽厚，面对着皇子们争当太子的争斗，官员腐败之风盛行，财政出现危机，西北战事不断，朝中官员朋党林立这些难题，康熙皇帝早已是力不从心，他认为“增加一处利处的同时就会产生一处弊端”，“多一事不如少一事”。

雍正帝登基之前已在藩邸40余年，对于这些事情的好坏，事情处理的得与失，没有不了解的，并对怎样解决这些弊端已经有了深刻的了解和认识。针对康熙帝晚年治理天下一定要以宽厚仁慈为目标的片面思想，雍正帝提出治天下一定要看它所处的时期，仔细审视这件事的具体情况，应该宽就宽，应该严就严，只有宽厚和严厉相互补充，才能治好天下。

由于雍正帝改革的思想明确，态度坚定，措施得当，10年左右的时间就产生了显著的效果，不仅使康熙时期的积极成果得到巩固和发展，而且为乾隆时期的鼎盛奠定了良好的基础。所以说，雍正的改革，对于“康乾

盛世”起到了承上启下的巨大作用。而雍正的改革之所以能够贯彻到全国各个方面，初期的改革成果之所以能在后期得到巩固和发展，很重要的一个原因，就是军机处的建立使皇权得到高度的集中和有效的使用。

其次，军机处的建立，标志着中国封建君主集权专制已发展到了顶峰。

自秦始皇建立专制主义中央集权制度以来，皇帝的权力与宰相的权力之间的矛盾就产生了。皇帝的权力是至高无上的，但他自己不能亲自去处理那么繁多的政务，必须依靠辅佐他处理政事的机构来实现他的统治。辅政机构的代表人物就是宰相，所以把辅政制度也叫做宰相制度，把皇帝与宰相的关系叫做君权与相权的关系。就辅政体制来说，在秦汉魏晋南北朝时，实行的是开府施政的宰相辅政制度；隋唐五代宋时期，实行的是参议辅政机构制；明朝实行内阁辅政制；清朝实行内阁、军机处辅政制。

明清两代，君权与相权的矛盾更加尖锐。明太祖朱元璋对秦汉以来的宰相制度持否定态度。他说：“宰相权力过重，曾出现了赵高指鹿为马的现象。自秦朝以来，每一个君临天下的人，都不能借鉴秦朝设置宰相所带来的祸患，按照秦朝的惯例设置了宰相。”于是下令永远废除丞相制度，撤掉中书省，由四个辅官辅佐朝政。在四辅官辅政的形式破产后，朱元璋又采取了内阁大学士辅佐朝政的形式。大学士来自翰林院的学士、编修等五六品官员，官职不高地位轻微，只能做些文书工作。但自明成祖朱棣开始，内阁大学士的职权逐渐变大了。尤其是明英宗朱祁镇以后，实际上，内阁已取代了明初的中书省，大学士已经和汉朝、唐朝的宰相的权位差不多了，只不过不叫丞相的名称罢了。夏言、严嵩、徐阶、高拱、张居正等人，就是明朝权相。为了分散内阁职权，皇帝又重用宦官王振、汪直、刘瑾、魏忠贤等人，实行内阁大学士与司礼监宦官平行双轨辅政制。在整个明朝，尽管辅政体制变化不已，影响了政局的稳定，但仍没有找到更为理想的方案。

清朝仍实行双轨辅政制。顺治时，改内三院为内阁，机要政务的处理都交给内阁办理，军事事务交给议政王大臣商议奏处。康熙时，臣下奏章的处理由内阁主持，军事、国家的机要事务由议政处负责处理，如果是特别颁发的诏旨，由南书房的翰林起草。雍正创立军机处后，本章由内阁处理，机要事务和用兵事务都由军机大臣接受旨意办理。

雍正帝之所以不把军事交给议政处处理，是因为那些议政王大臣既没有什么高明的见解，又经常泄露机密，成事不足，败事有余。雍正帝之所以将机务从内阁中划分出来，是因为内阁的地点在太和门以外，来来往往的人很多，考虑到会泄露重要政务的机密，并且内阁权重而效率低，如果任用人时偶尔考虑不周，一定会出现专权的大臣，于皇权不利。“军机处是内阁的一个分支机构，……所处理的机要政务和用兵方面的事务都是由军机大臣当面接受皇帝的指示，皇帝没有一天不与军机大臣们会面，而太监是不能参与的，即使是这些得到皇帝面授机宜的各位大臣也只是传达、转述、缮写皇帝的旨意，不能在这中间夹杂任何自己的意见”。故能使清朝的“各位皇帝互相继接，大权独揽……任用官员处理政事，命令一下就能得到执行，权力从来没有落入别人手中”。

雍正皇帝开始设立了军机处这个机构，并使它渐渐取代了内阁的作用，这是行政制度上的重大改革。军机处架空了议政处，也夺走了内阁的权力，但军机大臣的权力也有限，只是按照皇帝表达的意思去办事，既没有议政处的商讨决定权，也没有内阁的代皇帝起草圣旨的权力，因为这些权力都被皇帝拿走了。这次行政机构的变革是增强了皇权，削弱了原来赋予满洲贵族和满汉大臣的“相权”。军机处的设立与奏折制度的确立相辅相成，雍正皇帝亲自批阅、答复臣下的奏折，向军机大臣当面下达指示，天下的一切事务都由他一个人处理。雍正的专制集权与明朝的朱元璋相同，但是又有不同。朱元璋日理万机，忙不过来，找几个学士给他做顾问，然而不是固定的班子在皇帝指导下处理政事，因此皇权得到加强，行政效率却没有提高。而雍正建立军机处，加强皇权的同时，还提高了行政效率，使得皇权能够真正充分地实现，所以他的权力实际上比朱元璋还要集中，他以前的其他帝王对他的这种集权就更是望尘莫及了。

## 出兵征战，噶尔丹败

雍正八年（1730年），清军与准噶尔部发生冲突，导致了大规模的激战。雍正九年（1731年）七月，傅尔丹率领的部队在进军的路上中了敌军的埋伏，打了一个大败仗。清朝政府任命顺承郡王锡保为靖边大将军，于九月，在鄂登楚勒打败了准噶尔的部队，准噶尔的首领噶尔丹策零逃跑了。但他仍不甘心，总想侵占喀尔喀，扩大势力。雍正十年（1732年）六月，清朝军队会同喀尔喀部的蒙古骑兵在光显寺与噶尔丹策零的交战中取得了重大的胜利。光显寺之战沉重打击了准噶尔叛军。由于形势所逼，噶尔丹策零于雍正十一年（1733年）年底向清政府求和。第二年，清政府派遣使者到准噶尔议和，希望准噶尔部落与喀尔喀蒙古部落划清各自游牧的界限范围，永久停止武力相争。经过多次谈判，在乾隆四年（1739年），清政府才和噶尔丹策零签订了协议。以阿尔泰山为界，准噶尔部在阿尔泰山以西游牧，喀尔喀部在阿尔泰山以东游牧。清政府与准噶尔部割据势力之间的矛盾暂时得到缓和，以后维持了20年的和平局面。

雍正五年（1727年），策妄阿拉布坦死去，他的儿子噶尔丹策零继承了他的职位。这时雍正帝的统治地位已经比较巩固，开始制订计划准备讨伐准噶尔。雍正七年（1729年），清政府以“准噶尔隐藏青海叛乱分子罗卜藏丹津会留下不安定因素，一定会扰乱青海和唐古特的安宁”为理由，决定两路进军西征准噶尔。派领侍卫内大臣、三等公傅尔丹为靖边大将军，屯兵阿尔泰，作为北路军营；派川陕总督、三等公岳钟琪为宁远大将军，屯兵巴里坤，作为西路军营。正当两路大军准备出师之际，噶尔丹策零遣特使特磊到达岳钟琪军营，说罗卜藏丹津因为要谋害噶尔丹策零的事被人发现，本来已被押送清政府，但噶尔丹策零听到清兵要向西进兵的消息后，又把他押回了伊犁。特磊表示准噶尔希望与清政府和解。岳钟琪把这一情况奏报雍正帝，雍正帝决定暂缓出兵，并命令傅尔丹、岳钟琪回京议事，西路军务暂时由四川提督、军务参赞纪成斌代理。纪成斌命令副参领查廪率士兵到科舍图卡伦一带放驼马，没想到查廪天性胆小怕事，又怕低温严寒，他竟然把驼马交给了手下的五十名奴仆去放牧，而自己率领手下的士兵在山谷里躲避严寒，每天聚众饮酒。雍正八年（1730年）十月，噶尔丹策零趁清军没有防备，派宰桑杩木特带领两万士兵，偷袭科舍图卡伦，准备劫走驼马。清军总兵樊廷、副将冶大雄等人领兵两千人与准噶尔部队展开了激烈的战斗，接着，总兵张元佐等人又领兵前来援助，一起夹击准噶尔部队。经过七天七夜的艰苦战斗，杩木特被迫退走，准噶尔军队抢走的驼马大部分也被清军抢了回来。从此以后，噶尔丹策零与清政府的矛盾进一步激化。

雍正九年（1731年）四月，傅尔丹奉皇帝的命令又回到科布多前线领兵西征。六月，噶尔丹策零派了两千名兵士围攻鲁克察克（今吐鲁番东南）、哈喇和卓等地，企图牵制西路军营，同时派大小策零敦多卜领兵三万进攻北路军营。噶尔丹策零在进攻前先派人来到傅尔丹的军营谎称投降，说准噶尔目前兵力分散，内部又有人谋反，只有小策零敦多卜率兵东来。傅尔丹虽然勇敢善战却没有谋略，没有详细核查情况的真伪，就认为这是天赐的大好机会，“趁准噶尔军队不防备，正好迅速迎上前去打一个漂亮仗”，于是贸然发兵，前往袭击准噶尔军。这时候大策零敦多卜派少数的兵和牲畜在博克托岭引诱清军上钩，而把主力部队两万人布置在山谷里设置埋伏。傅尔丹先派四千多名士兵去袭击博克托岭，接着亲自率领大队人马跟着前进。清军初战告捷，穷追不舍，全部进入埋伏圈。傅尔丹和准噶尔部队多日连续作战不断失利，就转移到和通淖尔。准噶尔军队乘机追杀，直接进攻清军的大本营。傅尔丹只好边战斗边撤退，几天后才狼狈地逃回了科布多，断断续续回来的士兵这时只剩两千多人。这一仗四万清兵几乎全军覆灭，几十名战将战死，这是清军在和准噶尔部队作战当中损失最大的一次。准噶尔兵大获全胜，带着大批俘虏、辎重返回。

和通淖尔之役后，雍正帝降傅尔丹为振武将军，令顺承郡王锡保为靖边大将军，还以马尔赛为抚远大将军，屯驻归化城，加强防御。雍正皇帝指示说：现在先不要提进兵的事，应该加倍注意防守的问题。和清政府采取的防守策略相反，噶尔丹策零在和通淖尔战役后，“一旦得志，就更加猖狂”，他企图趁清军失败、士气低落的机会，大规模掠夺喀尔喀蒙古。和通淖尔之役后不久，噶尔丹策零即派大小策零敦多卜率兵屯驻哈喇额尔齐斯河与华额尔齐斯河。

八月，进一步渡过额尔齐斯河，进军到了索尔华乌拉克沁地区。噶尔丹策零命三千名士兵作为援军，命令大小策零敦多卜率兵2.6万人，绕过科布多的清军，进军到了克尔伦。大策零敦多卜屯兵苏克阿勒达呼，小策零敦多卜之子曼济等分掠克尔伦、鄂尔海、喀喇乌苏等地。九月，顺承郡王锡保命喀尔喀蒙古副将军、亲王丹津多尔济以及额驸、郡王策零领兵一起进攻准噶尔军。丹津多尔济和策零派台吉巴海夜里袭击了大策零敦多卜的营地，并且预先设好了计谋引诱准噶尔军队上钩。大策零敦多卜的部下锡喇巴图鲁等人带领三千人追击清军，追到鄂登楚勒时，丹津多尔济和策零列出了阵势迎敌，彻底打败了准噶尔军队，杀了准噶尔部队的勇将喀喇巴图鲁，锡喇巴图鲁也身负重伤。准噶尔军被迫撤退，大策零敦多卜移营西里山。不久，曼济也被清军击败，准噶尔军于是从哈卜塔克、拜塔克一路退走。

噶尔丹策零进攻喀尔喀蒙古没有获得成功，在鄂登楚勒之战中又受到了一个小挫折，因而很不甘心。他仗着自己的精锐部队没有受到重大损失，决定再次进攻清军，扰掠喀尔喀蒙古。雍正十年（1732年）正月，噶尔丹策零派色布腾和策零那木扎尔率领士兵两千人，从乌鲁木齐进攻哈密

塔勒纳沁地区，在二堡与清军相遇，被清军总兵曹勃击退，噶尔丹策零异常恼怒。七月，亲率大军越过阿尔泰山，在乌逊珠勒地方打败了傅尔丹，然后绕过科布多，经过山南进军到杭爱山，抢掠哲布尊丹巴胡图克图所属的地区。当时哲布尊丹巴已移帐内蒙古多伦泊，准噶尔军没有什么重大收获。于是，噶尔丹策零在得知额驸策零已率军赴本博图山消息后，便派小策零敦多卜引军突袭策零的塔密尔河游牧地，“攻破了营寨，抓住了策零的妻子儿女，驱赶着他的数万头牛羊撤军”。策零听到这个消息，非常气愤，“他割断了自己的头发和所骑的战马的马尾巴，发誓要报仇”。他马上调集了喀尔喀各部落的两万名蒙古兵，飞快地去追赶准噶尔的部队。同时派人送信给顺承郡王锡保，请求派军夹攻。策零在半夜里抄小道靠近准噶尔的军营，第二天黎明时，率领士兵“从天而降，像风雨一样迅速”，没有一点准备的准噶尔军队，“士兵来不及拿弓箭，战马来不及披上铁甲”，慌慌张张地迎战，被打败后逃跑了。策零穷追不舍，直追至鄂尔昆河之额尔德尼昭地方。额尔德尼昭汉文名字叫光显寺，寺的右面是山，左面是水，“道路狭窄不能让太多的人通过，中间又有个大庙挡住了道路，士兵们无路可走”。策零看到准噶尔军队朝这一方向逃跑，便先派兵抢占了险要的山隘等有利地势，布置下了伏兵。在河的北岸他派了少量的满洲兵假装拦截，实际上是诱兵之计，而把主力部队一万多人埋伏在山的一侧，以吹胡笳为信号统一行动。在傍晚的时候，大批的准噶尔士兵蜂拥而至，满洲兵丢盔弃甲地逃跑，准噶尔士兵争先恐后地追赶这些败逃的清兵。突然，响起了胡笳声，立刻树起的战旗布满了整个山谷之中。策零把帽子扔在地上，表示不打败这些叛军就不再戴帽子，率领埋伏的部队冲杀过去。准噶尔部队一片混乱，丢下盔甲飞快地逃跑，“准噶尔士兵的尸体堆满了山谷，河里流的水都被血染红了”。准军残部沿河而逃，策零一面率兵穷追不舍，一面移檄沿途将领截击准兵。这时驻守拜达里克城的是马尔赛，策零要求截击准噶尔叛军败退的檄文一到，副将军达尔济就集合起军队准备出发，马尔赛不允许。副都统傅鼐跪下请求出兵，马尔赛还是不允许。站在城上的士兵看到一片混乱的准噶尔叛军骑兵从城下逃走。第二天，参赞胡琳开城门追击时，准噶尔叛军已逃得很远了。额尔德尼昭大捷后，雍正皇帝大大地封赏了策零，赐给了他“超勇”的称号，晋升他为亲王，封他为定边左副将军的职务，驻守科布多，办理军务。马尔赛等人则因为贻误军机罪被砍头。

额尔德尼昭之役中，准噶尔军损失极其惨重，死伤人数近万人，重要物品丧失殆尽。人民生计窘困，怨声载道。在形势逼迫下，雍正十一年（1733年）冬，噶尔丹策零向清政府求和。

清政府在用兵准噶尔的几年里，人力物力也大量消耗。用兵前，库存帑银五六千万两，用兵后，只有两千多万两。翰林院检讨周彬上疏，认为西征准噶尔造成政府钱粮供应紧张，应当迅速撤兵，军事行动一律停下来，让天下百姓缓和一下，使百姓们得到休养生息。雍正帝本人也感到出兵很久了效果却不大，不好再打下去，于是宣布暂停进兵，并召策零、查郎阿进京与王、大臣等一起商议军事。讨论中，主战主和，众说不一。傅鼐叩头表示议和是天下人的幸福。雍正十二年（1734年）七月，雍正帝下决心议和，派傅鼐、内阁学士阿克敦、副都统罗密等前往准噶尔传达皇帝的旨意，希望准噶尔与喀尔喀明确划分游牧地区范围的分界线，永远停止军事行动。傅鼐和阿克敦到达准噶尔后，受到热烈欢迎和热情款待。考虑到与准噶尔议和已经开始，形势趋于缓和，雍正十三年（1735年）上半年，雍正帝批准了西北两路的撤军计划，只留少量兵力进行防守。北路筑城于鄂尔昆河，留满洲、蒙古兵屯田戍守；西路则用绿旗兵驻哈密和巴里坤。乾隆四年（1739年），清政府终于同噶尔丹策零达成协议，准噶尔部落不能到阿尔泰山以东去放牧，喀尔喀部落也不准到阿尔泰山以西去放牧。这一年，清政府还同意准噶尔和内地之间互相进行贸易，到西藏去熬茶，这样就废除了西北两路的军队设置。

雍正时期西征准噶尔之役的发生不是偶然的，它与双方社会经济发展情况有关。在准噶尔蒙古方面，从策妄阿拉布坦统治时期起，准噶尔蒙古对周围各族的战争就有所减少，社会生活相对比较安定，为社会生产的发展创造了有利条件。同时，策妄阿拉布坦比较注意发展生产，在农业、手工业和畜牧业方面采取了一系列奖励措施，加强了和周围各民族的贸易往来。噶尔丹策零继位后，依仗比较雄厚的物质基础，调集军队并窥探边境的情况，开始和清政府争夺地盘。准噶尔部不断扩张，威胁到清政府在西北地区的统治。在清政府方面，经过康熙帝几十年的治理，社会经济得到极大的恢复与发展，国家的财政收入连年快速增加；至雍正初年，在户部的国库里存着的钱两“三千余万两，足以支付国家的使用”。雍正帝在继承康熙帝政策的基础上，进一步强化中央集权专制，对地方势力的控制日益严密。因此，他不能允许准噶尔蒙古割据西北边陲，威胁清政府对西北地区的统治。

## 密折制度，考察吏治

到了清圣祖康熙当政的中期，天下太平，国力强盛，为了加强对各级官员的控制，及时了解地方情况，康熙帝特别命令他的亲信官员用密折方式奏报情况。开始出现了清代特有的奏折制度。它是由皇帝特别指定的官员，将上奏事件亲手书写密封，直接派人送到御前再由皇帝启封、批示（后来或与军机大臣等批阅）后，再直接发与具奏者执行。这种制度，简化了明代以来烦琐的文书处理制度，提高了清朝政府的行政效率。

中国王朝自古以来，臣工报告的方式很多，如章、奏、表、议、疏、启、书、记、封事等。以奏折为正式公文的名称，始于清代的顺治年间。在康熙朝，密折作为一种实际的政治工具有了进一步的发展。不过，密折形成一套完整的制度运作，还得从雍正朝开始算起。

清代君臣之间的“言路系统”大致是这样的：臣子们上的主要是“题本”和“奏本”，后来又添上了“密折”。

题本：凡是弹劾、钱粮、兵马、捕盗、刑名这些事情，均用题本，上面加盖公印，才算有效。

奏本：凡是到任、升迁、转任、代属官谢恩、讲述本身私事的，都用奏本，上面不盖印。

题本有两个不利于君臣沟通的缺点：

第一，手续很烦琐。

第二，题本要由通政司这个机构来转送内阁，最终才上呈天子，过目的人多，也容易泄密。

奏本比题本稍好些，虽然没有那么烦琐的手续，但也得过通政司浏览这一关，所以保密性还是不强。

密折：不拘格式，可以自由书写，也不用做裱褙、提要、副本这些纯属形式上没有任何实际作用的事情，当然快捷很多。而且它直接交到皇帝那里，不用通过通政司、内阁，由皇帝亲自来拆阅，保密度十分高。这一条君臣互动的快速通道，对中国历经多个朝代形成的形式繁杂的文官言事制度，是一个具有强烈震动性的改革。

康熙处理密折的方式很小心，他曾经说："凡是朱笔批阅的御旨，都是朕亲手所写，没有代笔的人。这次出巡，朕因为右手生了病不能写字，就用左手拿笔写字，绝不会让别人代替写。所以所有一切上奏的事情，只有朕和原上奏的人知道。"

不过康熙为人坦诚，他对于经过批阅的密折，在批阅后就发还本人，因此官员们"都有朕亲手写的证据在他们手中，而没有在朕这里"。因此臣子不必担心写给皇帝的密折被曝光，或在某些时候变成挨整引用的材料。

但雍正的作风和他的父亲不同。康熙驾崩第十四天，刚刚继位的雍正就定下上缴朱批的规定，谕文写得十分严厉："所有先皇康熙爷朱笔批阅的御旨，全部认真恭敬地封起来呈上。如果有人敢抄写私下留放，收藏起来不交，焚烧丢弃的，以后被发现，一定不会宽恕，一定要从严处置。"

雍正规定，不但前朝的奏折要收回宫中，今后本朝的朱批在本人捧读后，也要缴呈，不能自己私下保留，如果违反就要追究责任。

在康熙统治的61年里，给皇帝写密折的总共只有100多人。而在雍正统治的短短13年中，写密折的人竟有1100多人。雍正对密折政治的热心由此可见一斑。

雍正元年（1723年），雍正就下令各省督抚密上奏折，于是封疆大吏都有了这个权力。只是如果在这些人中有人遭到处分，那么他上密折的权力也就被停止了。

以后，雍正又把上密折的权力扩大到提督、总兵官、布政使和学政等上层官员。

另外，一些小官如知府、同知也得到了雍正的特许，可以直接上密折。

总之，通过对上密折特许权的认可，雍正在从高层到低层的官员间都安插了他的心腹，撒开了一张个人的信息网。而这些耳目除了上奏密折外没有其他特权，也没有特定组织，所以很难为非作歹，也很难形成明代的厂卫那样危害国家的政治毒瘤。

雍正大力实施的这种前所未有的“密折政治”，并不只是一种单纯的控制臣下的手段，虽然这是十分重要的一项内容。从雍正的密折政治里，我们还发现，君臣之间商讨军国大事，仍是其最重要的内容。

在推行一项重大的改革政策之前，在密折里，君臣之间对这些政策进行商讨研究，不草率的贸然行事，这种谨慎的行政做法在历史上也具有进步意义。

往往对待一件具体的政事，决策者和执行者都有各自的顾虑和隐衷，

在一般的公文里很难进行说明。这样既不利于保持上级决策行为的正确性，也不利于下级全力贯彻执行。密折的上递及批复则使上下两方面都公开观点，经过充分交流再付诸决策实施，使政策出台前有了一定的缓冲。

“密折制度”表面看来是加强君主专制的做法，是历史的退步，但在一定程度上它却推动了君臣间在政务上的交流协商，使出台的措施更符合实际，更具有可操作性，减小了实施中的阻力，提高了行政的效率，推动了雍正初期改革的进行。

雍正一朝的许多重大改革，都先通过“密折”讨论。

如摊丁入亩、改土归流、疏浚运河等重大政策，就是雍正同官员通过密折反复协商斟酌才定下的。

凡推行改革政策，都应该雷厉风行，讲求高效。奏折制度使大臣官员们的奏事很快送到皇帝面前，省去了中间环节。奏折送到勤于政事的雍正皇帝手中，他马上抓紧时间阅读批示，该执行的立即付诸实施，因此大大地提高了行政效率，促进了政治改革的实现。

治水是中国各个朝代都存在的最大问题，它甚至成为老百姓鉴别统治者是否符合天命的标志，这就是人们常说的“如果世间出了圣明的君主，黄河水就会变清”。但河清又是很难盼来的，所以又有“等河水变清，人的年龄都不知会等到多么大”的感叹。对待治水，雍正也曾通过河臣的奏折进行研究。

雍正二年（1724年），大臣李绂曾向雍正当面提出疏通淮扬运河的建议，雍正觉得有道理，就命他与河道总督齐苏勒商议，齐苏勒认为疏通淮扬运河的工程量非常大，不能轻易做决定，他准备先进行实地考察，再提出具体意见。

齐苏勒的奏折上呈后，雍正有这样一番朱批："朕命令李绂到你那里传谕旨，只是让你知道有这么一种建议，可以仔仔细细地加以思考，并不是认为他所奏的建议就一定能够实行。一般来说，管理江河的官员都希望有工程上马，可你的属下官员又多数不能让人信服。更何况这种事关系很大，不能草率行事，如果白白浪费人力物力却没有收到好处，并产生了害处，不但耗费了钱财、粮食，还可能成为历史上流传的笑话。但如果确实对国家百姓的生活有利，也不要因为害怕困难就中途停止，总需要你详细周密地计划妥切，将最终的利益全部搞清楚，准备详细地一件件上报给我。这件事不是眼前急需要办的事情，尤其不是轻举妄动的事。"

这番话通情达理，将事情的正反面、利弊都进行了剖析，指出治水关系非同小可，官员们一方面好大喜功，另一方面畏缩怕难，要根本消除这两方面，就要根据实际整体情况来做决定。

说这一番话的目的并不是为了事成功归自己，事败过属他人做铺垫，而是要求大家谨慎地进行思考论证，他则从中协调。这样就不会让臣下带着成见想问题，为了揣摩迎和上司的意思而妨碍正确的决策，把"治水"搞成了"乱水"，劳民伤财又贻害无穷。这种施政思想才是成熟的政治家处理问题时应把握好的。

雍正四年（1726年），有一位官员上奏折，指出在治水工程中准备材料时所存在的弊病，雍正隐去上折人的姓名，把它下发给了河道总督齐苏勒，让他尽心尽力地进行准备计划。

齐苏勒针对皇帝转下的折子中的说法，具体解释了事情的原委。

雍正阅览后，对齐苏勒的解释十分满意，批道："你所陈述的事实非常恰当，朕本来就不是很同意他的说法，但既然有这种议论，其中或许会有些可以汲取的借鉴之处，所以向你打听一下，就是这个意思。现在看了你的汇报，朕彻底明白了。"

河工是十分复杂的事情，如果不是专家是承担不了这项任务的。又因为治河工程资金耗费巨大，往往被贪官污吏利用来发财，这使治河工程不但有治水的困难，而且兼有了管理官员不贪污的困难。

由此可见雍正对治水的复杂性是看得非常清楚的，所以很少轻易发表先入为主的意见，而是多方考察、多方听取不同说法；而密折正是他进行考虑判断的材料。

由于这些臣下的密折多是个人的意见总结，因此可以反映对一些政策的不同看法，从而了解到一些事情的实际情况，而对这些个人见解加以汇总，就能比较全面地认识到存在的各种矛盾，对事务有一个全方位的认识。

聪明的决策者之所以聪明，不在于他事先有特别好的主张，而在于他善于倾听多种意见并给出恰如其分的总结。在强制推行"改土归流"这件事上，雍正表现出了一个明智的决策者的风范。开始时他反对用武力解决，认为"应该慢慢地想办法，教育引导这些人"，但他也没有把这种方式作为不可变更的确定了的大政方针，他要求大臣们"不要勉强地去遵命执行"，应该"慢慢地反复思考，在详细协商后再具体上奏"。这就是说要再协商再考虑。

在君臣间商量了几年后，雍正也对苗疆的事务从不熟悉、拿不定主意到逐渐熟悉、掌握了实际情况，形成了完善的政策，这就是一个充分吸收不同意见的结果。

雍正年间的天文地理、风土民俗，都在密折中有十分丰富的反映。

雍正帝在宁夏道鄂昌上奏叩谢“允许他上奏折汇报情况”的折子后面写了一段很长的上谕，很详细地讲明了他的目的，这一段话很能表现雍正要独揽天下事的雄心大志。他写道：“现在允许你们这些下级官员也能上密折言事，只不过是想扩大耳目所能得到的消息。在你的职责之外，一切地方上存在的利与弊，全省官员们是否勤于职守，上司谁公正谁徇私，属下官员谁优秀谁不合格，军备是否整治，雨水是否充足，百姓的生活怎么样，风土人情是否淳朴，即使是邻近的省份，或是京城内外，凡是令人惊奇的事，不必一定有什么深刻的见解，都可以告诉朕。只要在奏折中将有没有确切的根据，或者仅仅是道听途说，将这些地方都加以分析说明，便于朕进一步查访，能够得到实际情况就行。这些事既然不是你们职责所管辖的范围，即使想从中得到真知灼见也不可能得到，所以即使在奏报中有错误不切实际的地方，也不会加以责备。”

从这段话里，可以看出雍正要了解的事情很多：有地方政事的好坏，有地方官的勤惰优劣，有上司待属员的公正与否，有军队的训练和纪律情况，有水旱和农业生产的情况，有百姓的生活和风俗等。这些内容，事无巨细，均可在密折中上报。为了提高官员们递密折的积极性和胆量，雍正不强求所报的事情每一件必须属实，即使事情不太确定，只要详细注明出处、能够加以调查就行。雍正还要求地方官，不但可以汇报本地发生和听说的事情，就是风闻到的外省、京城内外的消息不论真伪都可以上报。

就这样，雍正形成了一张包罗一切、不分远近、没有界限的情报网！

对地方官吏的考察审核，是雍正密折政治中另一重要内容，而指示考察的方式、内容、角度则变化多端。

当年的争立太子斗争延续到雍正初年，这使雍正对官员和百姓的动向很重视。奏折制度的一个目的就是让官僚在职责范围以外，互相告密、互相监督、互相戒备，不敢擅自专权，对雍正更是心存畏惧。雍正可以从奏折中观察、分析臣下的思想动态、心术及隐衷，然后分别按照情况予以鼓励、开导，这样通过多方联络，上下互通情况，从而更好地控制臣下。当李卫任云南盐驿道时，雍正在云南永北镇总兵马会伯的奏折上批道：“最近听说李卫行为放纵张狂，操守也大不如以前好了，确实是这样吗？一点也不要顾及谁的面子，也不要有报答恩惠或报复积怨的心理，按照实际情况汇报。”这是调查李卫的品质。

李卫任浙江巡抚时，雍正在他的奏折上批示说，对新会黄岩镇总兵董一隆的品行优劣了解不多，叫李卫“仔细地加以观察寻访，秘密地汇报上来”。

雍正派大理寺卿性桂去浙江清点调查地方国库里的钱粮情况，并让他到浙江听到什么情况就上密折汇报。性桂到浙江后，马上就汇报说杭州将军鄂弥达和李卫之间有一定的隔阂。

田文镜曾密奏，李卫是一个非常难得的贤良官员，但他“管理属下官员的标准不免稍微宽松了些，整顿吏治不够，对于一个地方大员来讲是一个缺点，对皇上任用他的意图不能全面实施”。

看来，李卫虽是雍正年间的“模范督抚”，但雍正也要时时派人探听他的动向，绝不轻易相信。

雍正高高在上，却能通过各方视角，不断洞察着所有方面。

在距北京千里之外的广东，雍正也通过那里官员的相互监督，牢牢地控制着那里的封疆大吏的每一个行动。

广东提督王绍绪是雍正的宠臣鄂尔泰举荐的，雍正觉得王绍绪思路敏捷，办事可靠，但好像爱搞小恩小惠，作风也有些拖泥带水，因此在给广东将军（王的上司）石礼哈的密折中朱批指示他注意观察打听，然后根据实情汇报。

石礼哈后来密奏说："王绍绪为官做事虽然稍嫌琐细，但是对皇上很忠心，而且他不贪污受贿，工作上也很勤勉。"雍正还是不放心，又秘密询问两广总督孙毓珣对王绍绪的评价，还密令广东巡抚傅泰直接到基层调查王绍绪的行为。

傅泰向雍正汇报说：王绍绪品行十分端正，也不贪污受贿，只是办事不够果断，显然是性格上的懦弱造成的。这些都验证了雍正对王绍绪的第一印象。

傅泰不但监视王绍绪，还同时受命监视同僚广东布政使王士俊、按察使楼俨。他密报王士俊有办事才能，也很勤于政事，是个称职的官员，但在他的言行中透露着一些自鸣得意和骄傲自满的情绪。他说楼俨对审案判案不十分在行，而且年龄较大，身体不好，精力不济，做起事来也难以周到全面。

但是，傅泰监视着众人，同样也在雍正的监控下。

广东布政使王士俊就是受命反过来监视傅泰的人。王士俊向雍正报告说："傅泰心里没有什么固定的原则，也根本看不出一个封疆大吏的智慧，偶尔发一番议论，也没有任何出色之处。近来还听说，广东海关有五个文书职员，这五个人都被傅泰各勒索了三百两银子，才得了这个职位。所以傅泰的人品，十分值得怀疑。"雍正看了王士俊的密报，觉得很有道理，就严厉地申斥了傅泰，并把他降级调回京城任职。

在现在的清宫密折档案中，人们可以发现，雍正对官员的考察，精细到了何种程度！雍正曾要重庆总兵任国荣留心文武官员的"声名"。任国荣于雍正七年（1729年）六月上奏：四川学政宋在诗"公正而且廉明，有很好的声名"；川东道陆赐书"办事谨慎小心，还过得去"；永宁道刘嵩龄"是个明白人，就是身体太弱"；永宁协副将张英"声名一般"；漳腊营游击张朝良"为官清廉，很熟悉行军打仗的事务，就是没文化"。就连属下小官们的健康状况、文化程度都反映上去，这简直可以说是一份十分细致的人才档案了！

雍正看完，给这五个人分别做了如下评价：

"小心以自保，只是具有点儿小才能。"

"办事老练，没有什么出色的才气。"

"看他的外表很精干，在引见他时不像有病，怎么能这样呢？"

"原来就是很平常的人，而且有莽撞、好生事的缺点。"

"这个人的好坏，以前不知道。"

由此可以看出，从大小官员的政绩到品质，事无巨细，雍正都十分关注，而且对很小的细节也不放过，这是从古到今所罕见的。

关于地方上的士绅百姓的情况如何，雍正也十分关心，他希望从奏折中得到一些真实情况。

雍正六年（1728年）三月，苏州织造李秉忠奏折苏州春雨调和，油菜、小麦长势良好，物价平稳，百姓安居乐业。雍正批道："看到这些风调雨顺的情况我深感宽心，凡是这样的奏报，一定要一件一件如实禀报，不要有一点儿隐瞒伪装。苏州地处交通要道，是四方交通汇集的地方，在那里来往的官员和来往的商人，如果碰到有关系的事，也要留心察访明白，用密折汇报给朕。"

一折之中，既要求官员注意天气、农业，又要求官员注意民情。同年，雍正在广西学政卫昌绩的奏折上批示："你在地方上所看见的，所听到的，为什么不顺便上奏给朕呢？"

卫昌绩随即应诏上奏说粤西民风凶恶，土豪劣绅很多，还列举民谣"官如河水流，绅衿石头在"，指出当地人民怕官员，更怕这些土豪劣绅。

凭着对这些密折的细致批阅，雍正对各地方的民风习俗、生产生活和吏治情况有了非常及时和准确的把握。

# 第六章 乾隆初政，蠲免天下

乾隆五十七年（1792年），乾隆82岁，廓尔喀国王拉特纳巴都尔请求停战，愿向清朝臣服。这年，十月初三日，乾隆亲撰《御制十全记》，用满、汉、蒙、藏四种民族文字书写，刻碑建亭，用以宣扬他的武功成就，以垂久远。按高宗乾隆的说法，其十大功计有：两次平定准噶尔、一次平“回部”、两次扫荡金川、一次安定台湾及降服缅甸、安南各一次、两度反击廓尔喀。这十大战争，是他执政五十七年间亲自筹划而取得的军事成就。

# 乾隆登基，宽严相济

雍正十三年（1735年）八月二十三日深夜，清世宗雍正去世了。他从发病到去世，只有三天的工夫，年仅58岁。天不假年，尚不足六旬之数，就让他离开了人世。雍正的历史和以他为旗帜的雍正时代，伴随着他的离世而突然结束。

接替雍正帝位的，就是赫赫有名的乾隆皇帝。他的名字是爱新觉罗·弘历，是雍正的第四子。乾隆即位时，刚好25岁。这正是人生中充溢着勃勃生机，青春流彩的美丽年华，从事事业的最佳起点。因为他已成年，雍正去世前没有指定顾命大臣，相信他能担负重任，继承雍正的事业，保证爱新觉罗家族的江山继续存在下去。

乾隆即位之时，清朝已历顺治（18年）、康熙（61年）、雍正（13年）三帝，共近百年。国内政治与经济形势，远比顺治、康熙即位时好得多，比其父雍正即位时也要好一些。前卷特别说明，康熙晚年吏治松弛，钱粮亏空，由废立太子而引发统治集团内部党争，困扰着康熙难有作为，也没有重大的举措，国家发展的势头陷于停顿。雍正即位后，以极大的勇气和胆略，实行多方面改革，力挽狂澜，匡正时弊，时间虽短，却已收到了巨大成效。吏治大有改善，政局稳定，四境基本安谧。

经济重新获得发展的机会，农业连年丰收，税收增加，国用充足，“仓庾亦皆充实，积贮可供二十余年之用”。康熙去世时，仅遗留八百万两库存银，而到雍正中期，已猛增至六千万两。一句话，父亲去世时，没有给乾隆留下重大麻烦。

爱新觉罗・弘历画像

乾隆如同其父世宗即位初大力颂扬圣祖一样，也是不厌其烦地颂扬他的父亲——世宗，而在宣布他个人的施政方针时，则完全表述他自己的政治思想和理想追求。学术界在评述乾隆初政时，往往引述《清高宗实录》中的一段话，这里，不妨也引述如下，再提出本书对此段话的分析。

这段话是乾隆在给庄亲王允禄、果亲王允礼、大学士鄂尔泰与张廷玉等机要重臣的谕旨中阐述的，他说：

“治天下之道，贵得其中，故宽则纠之以猛，猛则济之以宽。……凡以求协乎中，非可以矫枉过正也。皇祖圣祖仁皇帝，深仁厚泽，垂六十年，休养生息，民物恬熙。循是以往，恐有过宽之弊。我皇考绍承大统，振饬纪纲，俾吏治澄清，庶事厘正，人知畏法远罪，而不敢萌徼倖之心。此皇考之因时更化，所以导之于至中，而整肃官方，无非惠爱斯民之至意也。……朕仰承圣训，深用警惕，兹当御极之初，时时以皇考之心为心，即以皇考之政为政，惟思刚柔相济，不兢不绒，以臻致平康正直之治。

“夫整饬之与严厉，宽大之与废弛，相似而实不同。朕之所谓宽者，如兵丁之宜存恤，百姓之宜惠保，而非谓罪恶之可以悉赦，刑罚之可以姑纵，与庶政之可以怠荒而不理也。朕观近日王、大臣等所办事务，颇有迟延疏纵之处，想以朕宽大居心，诸臣办理可以无事于整饬耶！此则不谅朕心，而与朕用宽之意相左矣。”

各书引证上述文字，有多有少，繁简不一，但本意都在主述乾隆“宽严相济”的新政方针。

乾隆这一为政的主导方针，是他即位刚满一个月后宣布的。此后，他又针对臣属对他的方针理解有误，以为他主宽，遂导致政务宽纵，治理不严，便反复解说他的政治主张，如说：“天下之理，惟有一中，中者无过不及，宽严并济之道。人臣事君，一存迎合揣摩之见，便是私心，而事之失中者，不可胜数矣。”概括乾隆历次谈话和谕旨中的同类内容，可知其主导思想亦即“宽严相济”。他把这一政治思想引到哲学理论中，用一个“中”字来解释。何为“中”？过犹不及，恰到好处之谓。既不严，也不宽，而是介于宽严之间的一种境界。历来为政有宽严之分，两者是比较而言的。很难说有绝对的严或绝对的宽，不过就其基本倾向可以分出宽严之限罢了。中国历代王朝总结出一条治国原则：文武之道，一张一弛。换言之，治国之道，也在于一张一弛。两者交互使用，不可偏废。以“宽严”说而论，应是宽中有严，严中有宽；或一个时期主宽，或一个时期偏严；或同一件事，部分宜宽，另一部分宜严，如此等等。这些都须从实际出发，因时因事因地而动，关键掌握一个“度”，就会营造全社会和谐的政治氛围，才有利于社会安定，统治秩序亦不致紊乱。这些，大抵是乾隆“宽严相济”的基本思想。

从上引的文字不难看出，乾隆提出“宽严相济”的新方针，是对父祖为政的经验总结。他肯定其祖父圣祖与民“休养生息”，行仁政而主宽；但久而久之，成为因循，就难免有“过宽”之弊。他也赞扬其父生前力图“振饬纪纲”，“吏治澄清，庶事厘正”，此为“因时更化”，目的还是“整肃官方”，“惠爱斯民之至意”。乾隆的分析，不失中肯、公允。圣祖与世宗父子，宽严不同，各主一道，固然有所处环境之别，面临的政治形势也迥然有异；还有两人政治风格、作风、性格之差，也体现在具体处事方式、方法等，亦不能同日而语。康熙为政主宽，他倡导“宽则得众”，以“宽仁”待天下而达到天下大治，特别是晚年常以“多事不如少事”，凡事不可细究相标榜。由宽而纵弛，吏治不严，贪风滋长，如钱粮亏空，不予追究，则助长侵挪、盗用。雍正正是针对这种状况而“严”的，他曾反复解释他的为政方针，专门阐述宽严关系，当宽则宽，当严则严，一切都视具体情况而定。康熙与雍正各主一道，却是“殊途而同归”，在各自的时代，都达到了光辉的顶点。正如有识之士所评论的：“他们的治国之道，各具千秋。康熙以‘宽’成功，雍正则以‘严’取胜。”持论精当，完全符合他们的情况。即使他们都存在缺欠，甚至曾造成某些方面的严重后果，毕竟瑕不掩瑜，他们仍不失为时代的政治巨人。

乾隆的超人之处，是把父祖为政的成功经验和失误的教训，加以总结、提炼，取其折中，概括为“宽严相济”，作为自己新政的指导方针，并很快为统治集团所接受，成为他们辅佐皇帝治国的政治准则。于是，乾隆任命宗室庄亲王允禄、果亲王允礼、大学士鄂尔泰、张廷玉、徐本及领侍卫内大臣讷亲、户部尚书海望等为总理事务和协办总理事务大臣，作为统治集团的核心，有条不紊地全面实施他的新政。

乾隆首先重新处理允禩集团的案件，集中地体现了他“宽严相济”的新政思想。前卷已详细披露了此案的全部情节。应当承认，雍正处分过重，把为首的允禩、允禟开除出宗籍，甚至强行将他们的名字分别改为贱称“阿其那”“塞思黑”，肆意污辱，最后将他们监禁致死。除了他俩，还有一批宗室人员尚在监禁中。这是雍正钦定的大案、要案，虽已过去了多年，谁敢翻案！乾隆元年（1736年）十月八日，乾隆亲自下令，重新审理此案。但他必先维护父亲的尊严，肯定对阿其那、塞思黑的处理没有错，是他们“孽由自作，万无可矜”，他要纠正的是对他们子孙的处置不当。他的理由是，这些子孙都是圣祖的支派，把他们都革除宗籍，贬为庶民，有碍体统。他要求大臣们“各抒己见”，提出处理意见。事涉皇族，又猜不透乾隆的本意，大臣们不敢贸然发表意见，以致“旋议旋改，胸无定见”。最后还是乾隆自己表态，至十一月末，他宣布：阿其那、塞思黑的子孙，允许配红带子（即觉罗系），收入玉牒。至于拨到哪个旗，及拨给产业的事，由宗人府另议，提出具体意见。直到乾隆四十三年（1778年）年初，前朝老臣差不多都已谢世，人们对往事已淡忘，乾隆又下令恢复允禩、允禟的原名，恢复宗籍，收入玉牒。允禩集团的另两个重要成员允䄉、允禵也于乾隆二年（1737年）四月释放，均赐封为辅国公。11年后即乾隆十三年（1748年），允禵晋封为恂郡王。允䄉去世时，按贝子品级待遇，予以祭葬。他们都得以善终，也算是莫大的幸运。

宗室中还有一批人，他们是：新德、新福、宗教、云乔顺、鄂齐、裕伸、德存、勇端、讷尔苏、广宁、杨德、华玢等十余人，虽不属允禩集团中的人，但日常行为恶劣，不安本分，因而被锁禁，或锁禁高墙，或锁禁在家。乾隆将他们释放回家，但“不许出门”。

雍正时宠臣年羹尧被定为92条罪而被赐死，家产籍没。受到株连的人很多，除了亲属，大多是年羹尧的部属文武将吏，轻者降级、革职，重者被监禁流放，直至被处死。如年羹尧的幕客汪景祺，因著《西征随笔》，以文字而触忌讳，雍正下令将他处死，其家属被流放到宁古塔（黑龙江宁安）披甲为奴。年案内，涉及的人多，处理面广且重，成为雍正初年全国大案之一。此事已过去了近十年，至雍正十三年（1735年）十一月，雍正刚去世不久，乾隆就发表了重新审理此案的指令。他的做法是，对年羹尧本人之处理，仍维持雍正的决定，主要是针对年案中受到株连的“革职人员”，分析他们获罪的原因，实因当日年羹尧营私舞弊，他们遂萌生侥幸之心，其罪尚有可宽恕之处。他指示，革职人员原在的八旗都统、各有关省巡抚、总督等，要秉公确查革职人员中，文职自知县以上，武职自守备以上，若年力精壮、才能可用者，保送到吏部或兵部，再加验看，从中挑选出合格人员报来，由乾隆酌量降等录用。实际上，他已经赦免了年案中受株连的部分人员。汪景祺案也于乾隆元年（1736年）三月初予以重新处理。乾隆事先已查阅汪景祺的案卷，认为汪氏狂乱悖逆，罪不容诛，但其所作“逆书”《西征随笔》，是出游陕西省时所作，他的诸兄弟及本族人限于南北远隔，都不知情，与其所作“逆书”本无联系。而今，事已过去十余年，应将汪氏兄弟及其诸侄发遣到宁古塔的，一律开恩赦回，其族人被牵连革禁者，全部宽大释放。此外，雍正生前处理查嗣庭一案时，也株连不少人，其中，他的子侄等也都被送到发配的地方予以拘禁。乾隆在重新处理汪氏案的同时，也对查氏案做了部分改正：将被发配的子侄予以赦免，准予他们返回家乡。

乾隆初年，乾隆大量清理父亲世宗的遗留问题，特别是重新处理冤错案，清除其负面影响。以上所举，不过是其中有影响的几个重大案件。乾隆所做，实际是纠正其父的某些失误，或称“翻案”，也未尝不可，但他不准任何人这样说，唯恐被臣民误认为他背叛父亲，有辱孝名。有个叫王士俊的巡抚不知深浅，竟然在密奏中称：“近日条陈，惟在翻驳前案；甚至有人公开扬言只须将世宗时事翻案，即是好条陈。”此奏大犯忌讳，乾隆自然非常恼怒，召集王公大臣，当面斥责王士俊奏荒唐，矛头指向皇帝，说他在“翻案”。他特别声明：他与皇祖（圣祖）、皇考（世宗）之心，“原无丝毫间别”。乾隆认为王士俊妄行陈奏，其罪不可宽恕，命判死刑，待秋后处决。这是乾隆元年（1736年）七月发生的事，王士俊以妄言而被处死，是因他破坏了乾隆初政的实践。乾隆对这件事的处理，大抵是“宽严相济”，而表现得格外严厉。

不过，乾隆还是坚持做下去，敢于翻前朝的旧案，敢于重新处理，这的确需要很大的勇气和胆识。直到乾隆四十三年（1778年），他敢于为睿亲王多尔衮翻案。多尔衮以统率大军底平中原的特大功劳而被赐予“皇父摄政王”的称号，但他死后仅数月就被告发，革爵、墓被毁，等等。乾隆阅读《清实录》，知多尔衮功高，下令恢复睿亲王的封爵，准予其五世孙淳颖袭封。同时被恢复名誉的还有饶余郡王阿巴泰父子，累功封至安亲王；因其后嗣依附廉亲王允禩，世宗怒，削其封爵，乾隆命其后人封为辅国公，“以承其祀”。

多尔衮事已过去百余年，阿巴泰后人被处也已过去了半个世纪，乾隆仍为之雪冤，是完全正确的。连康熙这样的政治家，执政六十余年，都不曾想到为多尔衮雪冤，而乾隆却敢作敢当，更多的是翻了他父亲的冤错案，坚持实事求是，实属难能可贵。检视康熙以来，经雍正至乾隆亲政，三代人政治上互补，后人为前人补正政治之缺失，有力地推动了清朝政治不断向前发展。

在“宽严相济”方针的指导下，乾隆还在各个领域纠正其父生前为政之失误。垦荒，关系国计民生，为历代所提倡。清入关以来，一直提倡、奖励垦荒，成效很大。但雍正帝时，垦荒以少报多，既博取皇帝信任与奖励，亦趁机加赋私取。这一弊端，在顺康两朝已时有发生，至雍正时则有所发展。据揭发，河南虚报垦荒数，还有四川多就熟地增加钱粮，再如广西所报垦田数万亩，“其实多系虚无”。许多官员要求停止开垦虚报，唯详查现在已报垦田之数，如查出虚报不实者，题请开除。乾隆接受诸臣建议，即于雍正十三年（1735年）十月下令禁止虚报开垦，警告今后若发现虚报，必从重处分。河东总督王士俊以开垦虚报被撤职，后妄言“翻案”事而被处斩监候，俟秋后处决。雍正时，倡导“捐纳”，弊端尤大。所谓“捐纳”，名为百姓“自愿”出资，用于公共工程的建设，实际是按各农产田亩另外加派。此弊多系各省督抚所为，借机向朝廷邀功请赏，而百姓则受加赋之苦。如山东是大运河流经的重要地段，每年以疏浚运河的名义，向百姓另加征民夫工食银5. 34万两；四川每年维修堤堰，每亩加征银或一厘，或二厘不等。类似情况，在运河流经的各地段，以及周围地区修堤坝，处处皆有。显然，此种捐纳实属田赋之外的额外加征。乾隆洞悉捐纳之弊，即向捐纳严重的山东、河南、四川、直隶四省发出通告：从乾隆元年起，各项捐纳一律停止，各工程费用由公帑支付，报工部实销，不得增加百姓负担。此后，发现一处即严禁一处，捐纳之风遂告平息。百姓负担减轻，自然感到高兴。

## 盛世显赫，出征金川

金川，两条河流即大、小金川的合称，地处四川省西北，大渡河上游，以临河山有金矿而得名。在隋代，始置金川县，唐属维州地；明时，隶属杂谷安抚司。此地处万山丛矗之中，汹涌的溪流环绕其中，地形十分险恶，气候寒冷，常年雨雪交加，只产青稞、荞麦等耐寒作物。居民多属藏族，筑石碉为居室。雍正元年（1723年），在此设金川安抚司，酋长莎罗奔自号大金川，而以旧土司泽旺为小金川。不久，莎罗奔把自己的女儿许给泽旺为妻，两金川结为姻亲，形同一体。但泽旺懦弱，受其妻制约，实际上已受到大金川的控制。

1. 一战金川

金川之战的起因很简单：大金川土司莎罗奔四处劫掠邻近土司，扰乱了边疆的安宁。乾隆十一年（1746年），莎罗奔劫走泽旺，并夺其印。在四川总督的干预下，莎罗奔被迫放还泽旺，但仍不停止劫掠活动。清军出动予以制止，却受到攻击，造成一定伤亡。乾隆得到报告，持慎重态度，指示四川督抚，只要莎罗奔没有危及朝廷的根本利益，切勿轻举妄动。然而，莎罗奔不知收敛，无视朝廷政令，自行其是。乾隆十二年（1747年）三月，乾隆终于下令进兵金川。他命川陕总督张广泗为总指挥，派松潘总兵宋宗璋、建昌总兵许应虎各率所部，分成川西、川南两路进剿，总兵力初为两万余人，后增至五万人。

清军进攻的目标，一是莎罗奔所居之勒乌围，二是其侄郎卡所居之噶尔崖。乾隆约定本年年底前，务将莎罗奔擒获。但事与愿违，张广泗在取得小胜后，连连失利。至乾隆十三年（1748年）春，副将张兴、游击孟臣皆战死。清兵被阻于险隘，不得前进。张广泗无计可施，只有连章请兵请饷。乾隆疑其不实，再命大学士讷亲前往督师，又起用被革职的将军岳钟琪以四川提督衔效力。经议：岳钟琪由党坝取勒乌围，张广泗由昔岭取噶尔崖。讷亲刚到，锐气正盛，传令全军限三日内攻取噶尔崖，违者以军法论处。清军出动四万余人，“诸将身蹈锋火”，总兵任举、参将买国良战死，伤亡惨重，自六月发动进攻以来，至九月初，士兵剩下2. 51万名。经此惨败，清军士气低落。在七月末的一次战斗中，清军三千人竟被金川土司兵数十人所击败。

讷亲本是康熙初年四大辅臣之一遏必隆的孙子，而康熙的孝昭仁皇后是他的姑母。他以皇亲贵胄青云直上，备受雍正眷顾，至乾隆即位，其历任兵部尚书、吏部尚书、大学士、军机大臣等要职，位居首辅，极受恩宠。乾隆特派他代替张广泗，意在一举剿灭金川之乱。但他根本就不懂军

事，来后不久清军就遭惨败，自此不敢言战！他转而依赖张广泗，凡事只商之于他一人。张广泗本来就看不起讷亲不知兵，却受制于他，心中怏怏不乐，表面上应付，实际是不出一谋，不出一策。讷亲计无所出，诸将亦观望不前。清军不利，又为内部奸细所坏。原来，莎罗奔之弟良尔吉已投降清军，暗中为其兄通报信息，故清军一举一动，皆为莎罗奔所掌握。张广泗为良尔吉所愚弄，倚为心腹，每次进攻，均遭失败。岳钟琪发现良氏问题，上疏揭发。乾隆当机立断，命讷亲处死良氏。讷亲不听，反而声称良氏不法无迹可据。数万大军坐守险境，达半年之久，毫无进展。乾隆大怒，下旨斥责张广泗等帅老糜饷，挟私观望，至乾隆十三年（1748年）九月，将张氏逮捕入京，命大学士傅恒代替讷亲为全军指挥。入冬，张氏至京，接受审讯。他抗辩不服，乾隆恼怒，当即下令斩首处死。再命讷亲就其军事一再失败作出解释。讷亲先后陈奏万言，无一要领，唯急请回京当面陈述。乾隆气急，命取其祖遏必隆之剑，邮寄军前，赐他自尽。

乾隆处置了玩忽职守的张广泗、讷亲，将金川战事的全权交给了傅恒。离京时，乾隆举行隆重的送行仪式：乾隆亲自拜谒先祖神明，张设黄幔，为傅恒设宴，举酒赐饮，命于御道前上马，设大将旗鼓，军容整肃，气氛格外凝重。前一阶段军事行动，劳而无功，此次命将出征，乾隆意在表明，他要重新开始，必成大功，所以才如此隆重地欢送傅恒出征，并增调吉林、黑龙江等省的精锐，开赴西南前线。

傅恒抵达军前，立即将内奸良尔吉、阿扣（莎罗奔之女）夫妇，连同内奸王秋处死，断莎罗奔之内应，整肃军纪，士气大振。次年正月，他总结前段军事失利的原因，并提出对策给乾隆上奏，摘其要，引述如下：

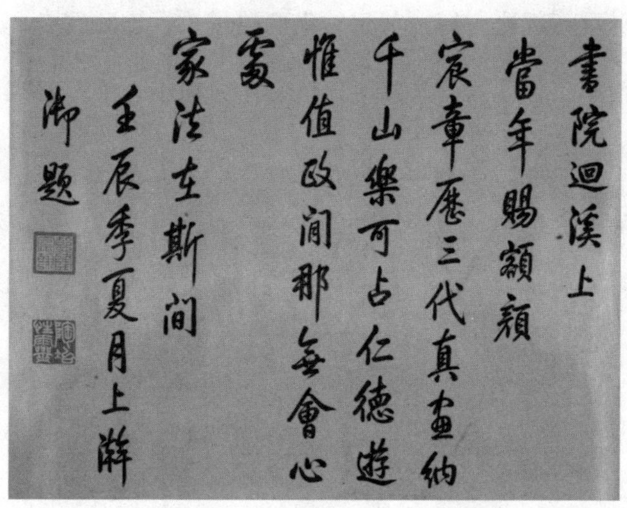

乾隆书法

“金川之事，臣到军以来，始知本末。当纪山（四川巡抚）进讨之始，惟马良柱转战直前，逾沃日，收小金川，直抵丹噶，其锋甚锐。其时，张广泗若速济师策应，乘贼守备未周，殄灭尚易，乃坐失机会，宋宗璋逗留于杂谷，许应虎失机于近郊，致贼得尽据险要，增碉备御，七路、十路之兵无一路得进。及讷亲至军，未察情形，惟严切催战，任举败没，锐挫气索，晏起偷安，将士不得一见。不听人言，不恤士卒，军无斗志，一以军务委张广泗。广泗又听奸人所愚，惟持以卡偪卡，以碉逼碉之法。无如贼碉层立，得不偿失，先后杀伤数千人，尚匿不实奏。臣查攻碉最为下策，枪炮惟及坚壁，于贼无伤。而贼不过数人，从暗击明，枪不虚发……又战碉锐立，高于中土之塔，建造其巧，数日可成，随缺随补，顷刻立就……攻一碉难于克一城。计半月旬得一碉，非数年不能尽。”

他深刻地分析了敌我双方的态势，“决计深入，不与争碉，惟俟大兵齐集，四面布置，出其不意，直捣巢穴，取其渠魁”，并保证于四月间向

朝廷报捷。经重新部署，傅恒与岳钟琪两路进攻，连破碉卡，士气高昂。莎罗奔看到清军决计深入，又断了内应，十分惧怕，不敢对抗下去，派人到岳钟琪军前，乞求投降，因怕被处死，不敢出来。傅恒正待犁庭扫穴，突然得到乾隆停止进兵，班师还朝的命令。乾隆已劳师两载，耗费了大量资财和人力，不想再打下去，得到莎罗奔请降的报告，便当即批准，也算体面地结束了此次战争。

傅恒奉命准降，以岳钟琪为特使，率随从13人，前往噶尔崖，向莎罗奔宣布朝廷待以不杀之意。岳钟琪任川陕总督时，莎罗奔曾隶属岳之部下，威望甚高，此时，岳钟琪亲来，莎罗奔大喜，率部属“伏地请降”。第二天，莎率其子随岳钟琪前往傅恒大营，正式投降。双方立下誓约：莎罗奔立誓，遵守所列各条款，保证不再为乱。傅恒宣诏赦其死，“诸番焚香作乐，献金佛谢”。二月初，金川之役宣告结束。

金川之役，是乾隆即位后首次用兵，历时两年，清军付出了沉重的代价：三易统帅，杀讷亲、张广泗两帅，伤亡上万将士，耗费白银近千万两，终于迫使莎罗奔投降，西南地区再获安宁。从这方面来说，清军获得了应有的胜利，达到了制止大、小金川继续为乱的目的。不言而喻，乾隆采取军事行动是完全必要的。但是，此战并没有彻底摧毁其残余势力，因为受降而得以保留下来，这就遗患于将来，致使二十余年后，金川再度叛乱。

2．再战金川

乾隆十四年收降大金川，并没有从根本上解决问题。大金川未遭受大创，其势得以保存下来。莎罗奔以年事渐高多病，将土司事委托其兄之子郎卡主持。郎卡自恃实力雄厚，不断侵占邻近各土司土地。乾隆二十三年（1758年），他夺取了革布什札土司地，又攻击了小金川。四境陷入惶惶不安之中。乾隆二十五年（1760年），莎罗奔去世，郎卡承袭其职，更加狂妄不逊，继续扩大对各土司的侵袭，像党坝、巴旺等土司都受到了攻击。环大、小金川，布列九个土司，即革布什札、巴旺、绰斯甲、小金川、党坝、沃日、卓克基、梭磨、松冈诸土司，其中，除了绰斯甲和小金川稍具实力，可与大金川相对抗，其余皆属弱小。值得注意的是，小金川又与大金川结盟而肆虐。小金川土司泽旺因年老有病，昏聩而不理事，交由其子僧桑格掌权；大金川土司郎卡刚死，其子索诺木继任。于是，两金川谋侵鄂克什土司地。乾隆三十六年（1771年），索诺木诱杀了革布什札土司，僧桑格又攻鄂克什与明正土司。驻边清军前往鄂克什，力图给予保护，但僧桑格不知收敛，转而向清军开战……

金川的问题，自上次停战，历二十余年之演变，从各土司之间的争夺，主要是大、小金川为扩张势力、掠夺他人的土地和人口，进而又发展成同清廷的军事冲突。

乾隆对此事的态度，鉴于上次征金川之经验，开始并不想介入金川事。正如他所说："边疆各番蛮互相攻扰，乃是常有的事，只可将就了事，不必深究。但若滋扰边疆，危及进藏通道，则必须彻底办理。乾隆此番话是在乾隆二十三年（1758年）针对郎卡起兵攻击革布什札土司时说的。然而，事态的发展却是更加严重，若不加以阻止，后果很难预料。

乾隆初行平定金川的策略，是由清廷出赏银，上述九土司出兵，联合会攻。这就是乾隆和他的大臣们所定的"以番攻番"之"善策"。迄至乾隆三十一年（1766年）六月，已推行数年，但尚未见效。各土司大多势力弱小，不敌金川土司，且心存观望，不能实心合攻。特别是大金川击破部分土司得逞，又使诸土司们惊慌失措，对合攻更为消极。

在前线主持大计的四川总督阿尔泰等，眼看合攻无效，便私主招抚之计，迁就姑息。郎卡为避免遭受清军与九土司的联合打击，遂行缓兵之策，向阿尔泰等表示愿归还已侵之地，不再出兵滋扰。同时，郎卡又提出要求：要清廷发给他安抚司印信，允许他与绰斯甲土司联姻，让他的女儿嫁给小金川土司泽旺之子僧格桑。阿尔泰与四川提督岳钟璜（岳钟琪的叔父之子）答应了郎卡的各项要求。其结果，郎卡与小金川、绰斯甲等结为姻亲，加强了自身的实力，自此两金川狼狈为奸，各小土司都不敢与之对抗，对清廷尤为不利。乾隆鉴于清当时正用兵于缅甸，难以两处用兵，而以番攻番失效，不得已暂以招抚稳定局势。但他看出此非久安之计，明确指出：阿、岳处理非计。本来，金川与诸土司互相仇杀，并未侵犯内地，不需声罪致讨，而且此事不值一办。只因各土司各怀观望，不能齐心协力，共剿金酋，则以蛮攻蛮之策，难以复行，故派阿尔泰、岳钟璜亲赴该地，晓谕各土司，安定边圉，否则就予以收剿，改土归流，永靖边徼。不意阿尔泰竟同意给其印信承袭，以图了结。乾隆又指出，他批准阿尔泰、岳钟璜的请示，实在是将错就错，以完此案矣。总之，阿尔泰、岳钟璜对金川的处理，究未妥善，不过是迁就苟安，没有理解他历次所发谕旨的本意。当乾隆得知郎卡与泽旺两土司结亲，马上意识到问题的严重性，不无忧虑地说，此又伏下一隐患！他警告阿尔泰、岳钟璜："当留心，不可隐讳。"形势的发展，很快证实乾隆的分析和论断是正确的。大、小金川的索诺木和僧格桑更为猖獗，以种种借口，肆意侵夺各土司。前次征金川，本意救小金川，而今却大动干戈，不听朝廷一再劝诫。乾隆遂于乾隆三十六年（1771年）下令征小金川。

乾隆重新调整指挥系统，以阿尔泰办理金川一再失误，又按兵逗留不进，赐令自尽。改派尚书桂林代阿尔泰为总督，又派大学士温福为前线总指挥。先后派出军队，据统计约达7万人，动用军费，到乾隆三十八年（1773年）已拨银2900万两。此次动用的军费和军队，都是首次征金川所不能比的。看得出来，乾隆要不惜一切代价，务求一劳永逸之计。

大军分两路进发：温福由汶川（今四川省汶川县稍南）出西路，桂林由打箭炉（今四川省康定县）出南路。乾隆三十七年（1772年）春，两路军旗开得胜：桂林收复革布什札土司故地，温福克取资里与阿喀。五月，桂林遣兵三千人，深入墨垄沟，被金川兵截断后路，桂林不赴援夹攻，致使全军陷没，泅水归者仅200余人。桂林隐匿不报被揭发，乾隆改派阿桂代替桂林，作为参赞大臣赴南路指挥。至十二月，清军直抵美诺，僧格桑先送妻妾到大金川，他无处可逃，也到大金川藏身。阿桂进展顺利，至底木达俘获泽旺，传令索诺木缚献僧格桑，索诺木置之不理。乾隆命两金川同时征讨，一举并灭。乾隆重又任命温福为“定边将军”，阿桂与丰伸额为副将军，展开大规模进攻。

温福将大军分作三路前进，他自率一路受阻，驻营于木果木，时为乾隆三十八年（1773年）春。所部两万余，大半散于各卡，兵分心散，无所作为。六月，索诺木挟僧格桑为号召，暗中煽动已降清的土司部众复叛，先攻陷清提督董天弼之营，再劫粮台，转而偷袭木果木。温福猝不及防，大营被攻破，他本人中枪而亡，各卡兵望风溃散，阵亡达三千余人，小金川地又被夺去。阿桂闻变，果断采取措施，才保住本军不受损失。

乾隆在热河避暑山庄当即决策，命阿桂为“定西将军”，再调健锐营、火器营两千人，吉林索伦兵两千人赴援。阿桂得到增援，重新调整部署，转战五昼夜，直抵美诺，一举攻克。其他两路，所向克捷，夺回小金川地。乾隆也配合前线军事行动，先以磔刑处死泽旺，以震慑叛众，命诸将进讨大金川。

大金川地势险要，二十多年来，不断增垒设险，比小金川严密十倍。阿桂是乾隆朝一代名臣之一，他才能卓著，此次成了全军的统帅，手下名将云集，如海兰察、额赤特、海禄、福康安、成德、特成额等。他调度有方，有胆有识，分三路取大金川勒乌围、噶尔崖两重地。大金川拼死抵抗，清军冒死突进。当清军逐渐逼近勒乌围时，索诺木极为恐惧，不得不把僧格桑毒死，将他的尸首连同其妻妾一并献给清军，乞求赦免。乾隆已被大金川的反复无常所激怒，坚决拒绝赦免，必予彻底消灭不可。清军克服难以想象的穷山恶水的阻隔，直抵勒乌围。从乾隆三十九年（1774年）三月，直到第二年八月中旬，始将勒乌围攻克，历时长达近两年。在阿桂的正确指挥下，清军集中兵力猛攻噶尔崖，逐碉争夺，其艰苦卓绝，自不必详述。乾隆四十一年（1776年）二月，索诺木眼看大势已去，遂带领诸兄弟及妻子、大小头目两千余人出寨投降。按乾隆指示，将其中索诺木及骨干都押往北京，处以磔刑。

乾隆决心彻底消除大小金川的隐患，将不法分子和罪恶昭著者逐一查出，就地正法；将俘获或投降的大小金川人员分别安插到各土司，大小金川的势力不复存在。在大小金川各驻兵三千人，在勒乌围、美诺各设总兵一员，在其他重要地区，分设副将或参将各一员。自此，大小金川受到清朝的严密管辖。乾隆四十一年（1776年）四月二十八日，隆重举行献俘典礼，颁布《御制平定两金川告成太学》文，勒石刻碑纪念。

金川地区仅千里，但地势险峻，气候恶劣，人烟稀少，居住分散，不利于清军征剿，用兵长达五年。大小金川筑碉卡死命固守，故用兵费时，军费开支浩大，用去库银多达七千万两。如果国家不达全盛，没有充足的财富积累，是难以承受的。两次征金川，清朝付出了沉重的代价，但换来了西南边疆的长治久安，有利于这个地区的社会发展。

## 平准噶尔，进军新疆

从康熙初年始，经雍正，在长达半个多世纪中，西北地区准噶尔部不断发生动乱，祸及西藏和北部蒙古。各部族、各派政治势力拥兵自立，相互争夺、兼并，进而引发同清朝的大规模战争，构成了当时最严重的“边患”。前述噶尔丹、罗卜藏丹津、噶尔丹策零、策妄阿拉布坦等人，皆是西北边区风云一时的人物。他们发动叛乱，制造动乱，无不遭到清朝的强有力的反击，都以失败告终。但是，清廷并没有从根本上彻底解决问题。特别是雍正时，与准噶尔部的斗争以罢兵和解结束，其分裂势力得以保存下来。至乾隆初年，尚维持和平来往的局面，不久，就被准噶尔部内乱、叛乱所打破。在准噶尔部上层王公贵族中，当力量重新聚集起来时，又死灰复燃，战争不可避免。

长期以来，准噶尔内部纷争不已，恃强凌弱，骨肉相残，为争夺政治与财产的继承权，攻杀无休止，造成西北地区分合不定，难以安定下来。乾隆时，因西北动乱，清朝被迫出兵干预，是为解决准噶尔部问题做出的又一次努力。

雍正十二年（1734年）秋，清朝与准噶尔部噶尔丹策零议和；乾隆三年（1738年）冬，双方达成了协议，划分了准噶尔、喀尔喀蒙古各自牧地界线。但这一和平局面维持未久，至乾隆十年（1745年），噶尔丹策零病死，准噶尔部陷入内乱，各王公贵族为争夺珲台吉（总汗）的最高权力，展开了残酷的厮杀，愈演愈烈，国家的安宁再次受到破坏。

原来，噶尔丹策零有三子，他一去世，首先就在三子中爆发了争夺继承权的斗争。一部分贵族主张拥立其长子喇嘛达尔扎，但他是庶出，不得立，而次子那木扎尔（勒）以母贵嗣汗位。因为年幼，由其同母姐姐乌兰巴雅尔辅政。这位新统治者虽然才12岁，却很残暴，随着年龄的增长，更加狂肆，不听姐姐一再劝阻，反而下令将她囚禁起来，进而任意杀戮诸宰桑（办事大臣），引起诸台吉不满。于是，便合谋起兵，将那木扎尔（勒）废掉，立其庶兄喇嘛达尔扎为汗。达尔扎一登上汗位，就把其弟那木扎尔（勒）处死了。同族台吉、已故名将大、小敦多卜策零两部后裔则谋立那木扎尔（勒）之弟策妄达什。事发，达尔扎又把策妄达什与达什达瓦（小敦多卜策零之子）杀害。达什达瓦的部分属从被迫投向清朝。大敦多卜策零之孙达瓦齐因反对达尔扎而受到追捕，兵败后，达瓦齐与同党阿睦尔撒纳逃入哈萨克。达尔扎遣兵三万前往搜捕，以除后患。达瓦齐等潜回故地塔尔巴哈台，组织精锐1500人，突袭伊犁，将达尔扎杀死，达瓦齐遂夺取了汗位。这时，又有小敦多卜策零之孙济噶尔争汗位，达瓦齐逃出伊犁，“两酋争立，各征兵于诸部，诸部落莫知适从，国中大乱”。阿睦尔撒纳继续帮助达瓦齐除掉了济噶尔，拥他回伊犁，重登汗位。

不久，阿睦尔撒纳与达瓦齐因争权而不相容，遂以兵戎相见。阿氏不敌，即于乾隆十九年（1754年）秋，率部众两万余人、兵五千投入清朝。乾隆准其内附，做了妥善安置。

准噶尔部内乱，已近十年。开始，乾隆密切关注西北形势的发展，迟未出兵干预。当阿睦尔撒纳率辉特、和硕特、杜尔伯特三部之众请求庇护时，乾隆断定时机成熟，利用准部内乱，进取西北。自康熙首战噶尔丹、再战策妄阿拉布坦，雍正三战噶尔丹策零，到乾隆十九年（1754年）出兵前，已长达半个多世纪。清朝虽然在军事上取得了一系列胜利，但在政治上仍然处于准噶尔王公贵族的统治之下。实际上，清朝并未真正取得对西北的统治权。准噶尔部作为一股强大的独立的军事政治势力，是动乱不已的重要根源。乾隆看到了问题的严重性，坚决主张：“宜乘机大举，雪两朝（指圣祖、世宗）之愤。”他强调：“此从前数十年未了之局，朕再四思维，有不得不办之势。”

乾隆二十年（1755年）二月，乾隆命北、西两路出师，兵力共五万余，备马近十七万匹、骆驼两万余头。阿睦尔撒纳被封为亲王，作为“向导”随大军出征，命为“定边左副将军”。

处于四分五裂的准噶尔部，难以集中整体力量对抗清军，特别是受到达瓦齐逼迫的诸台吉纷纷率众归服，还有原属达瓦齐的部众也在清进军途中先后脱离达瓦齐而向清军投降。达瓦齐已呈分崩离析状态。清军西与北两路推进至伊犁西南90千米的格登山（新疆昭苏境内）下，与达瓦齐所率万余兵马相遇。未及会战，清仅出动不足三十骑，乘夜突入，达瓦齐部迅即大乱，不战自溃，达瓦齐仓皇逃跑，其部万余人投降。

达瓦齐率残部逃到南疆，但清军统帅之一定北将军班第早已遣使南疆各城，通令他们捉拿达瓦齐。达瓦齐逃到距乌什20千米处，就被乌什城主维吾尔族人霍集斯擒获，于六月十四日献给了清军。班第命将达瓦齐押往北京。清军仅以四个月的时间，以最小的代价，迅速平定准噶尔全境。

十月，达瓦齐至京，乾隆采取最为宽大的政策，予以特赦：封达瓦齐为亲王，赐住宅一处，将圣祖第三子允祉的孙女嫁他为妻。乾隆命他为御前侍卫，“终优容之”。清朝对内地发动叛乱或参与叛乱的首要及骨干分子，必处以极刑，但对边疆少数民族中有叛逆行为的人，一般都采取宽大为怀的政策，即不杀不辱，甚至结为姻亲。这就是化敌为友，化干戈为玉帛，收到了巨大的政治效果，影响深远。清代边疆保持长久安定，与清怀柔的民族政策有直接关系。这不仅是清帝个人文化素养之高的体现，而且也是他们对历代所行民族政策经验的深刻总结。

擒获达瓦齐，准噶尔部刚刚安定，岂料追随清军平叛达瓦齐的阿睦尔撒纳又图谋叛乱，准噶尔部再次陷入战乱之中。阿睦尔撒纳是原西藏和硕特拉藏汗的孙子，实为拉藏汗长子丹衷之子，其母为策妄阿拉布坦之女博托洛克。当她怀阿睦尔撒纳时，其夫丹衷已死于伊犁，其便改嫁给辉特部台吉韦征和硕齐，遂生下阿睦尔撒纳，阿睦尔撒纳便成为韦征名义上的儿子。及长，阿睦尔撒纳娶噶尔丹策零之女敦多布巴勒桑为妻。阿睦尔撒纳出身高贵，非一般台吉可比。他之所以投清朝，积极参与平定准噶尔部之乱，实另有图谋。他为达瓦齐所败，无立足之地，不得不投清，而借清军之力消灭达瓦齐，以谋取汗位。他的政治目标是取得对厄鲁特四部的统治权即辉台吉（总汗），实质还是独立于清朝之外，保持以往的藩属关系。他的这一图谋却与乾隆帝的政治主张背道而驰。乾隆总结了康熙、雍正两朝的政治经验教训，已准备在解决达瓦齐的问题之后，“仍众建而分其力”。这就是：“各部各有汗，非有君臣之分也。”阿睦尔撒纳根本不理会清廷的政治方针，一意孤行，力图重现先辈们根本无法实现的政治梦想，“必欲为四部总台吉专制西域”。他不待中央指令，俨然以“总汗”自居，“擅诛杀掳掠，擅调兵，不服赐衣翎顶，不用副将军印，自用浑（辉）台吉菊形篆印”。他暗中指使哈萨克、布鲁特散布流言：非他“总四部，边不得安”。阿睦尔撒纳与其党羽，日夜谋划，已被发现。乾隆密令班第捉拿，就地正法。此前，乾隆已命阿睦尔撒纳于九月至热河避暑山庄朝见。班第密奏，请示在阿睦尔撒纳入内地时擒拿更易。班第遂催促阿睦尔撒纳速起程，并令喀尔喀亲王额林沁多尔济陪伴同行。阿睦尔撒纳不得已起程，中途迁延。他曾私下托付额驸色布腾巴尔珠尔，代他上奏，请封以总统四部之意。约定七月下旬可得确信，现已到八月中旬，尚无任何信息，“疑事已变，入境且得祸”，遂阴招其部众，叛逃而去。在他的煽动下，其同党呼应，已降清的部众又叛清，重镇伊犁失陷。班第处叛军包围之中，寡不敌众，拔剑自刎而死；参赞大臣即原两江总督鄂容安以力弱不能自毙，命仆从用刀刺其腹死。巴里坤以西地区，得而复失；统领将士的重要统帅和参赞大臣或自杀、或被害、或被俘，损失十分惨重。

本来，阿睦尔撒纳的叛逆活动已被发觉，可以防患于未然，失误就在于前线将帅防范不力，临事怯懦所致。乾隆对此十分恼怒，将西路统帅定西将军永常革职，解京治罪；额驸色布腾巴尔珠尔“匿情不奏”，本欲处死，改为革爵；陪同阿睦尔撒纳赴热河的额林沁多尔济亲王纵敌逃跑不追击，被赐死。乾隆改命策楞为定西将军任西路统帅，以达尔党阿为定边左副将军，迅速组织反攻。乾隆二十年（1755年）十一月，阿睦尔撒纳叛乱一度猖獗，曾一度攻陷伊犁；次年正月初，清军反击，夺回伊犁。但策楞指挥不法，致使阿睦尔撒纳逃入哈萨克。乾隆命策楞等戴罪自效，改任达尔党阿为定西将军、哈达哈为定边左副将军，分统两路军进剿，另命兆惠为定边右副将军驻伊犁。

至乾隆二十二年（1757年）六月，阿睦尔撒纳被彻底击败，逃入哈萨克，再逃出境投沙俄。不久，因患天花，病死在托波尔斯克，年仅35岁。乾隆命理藩院行文沙俄索要，沙俄将其尸体归还。阿睦尔撒纳之乱，至此告终。

但是，清军并未停止军事行动。鉴于准噶尔部为乱太甚，延续数十年，为乱不止，总是死灰复燃，迄无结局，已使清朝付出了沉重的代价。所以，乾隆决心彻底解决准部问题，收一劳永逸之效。他命清军择地过冬，待明年“再尽剿厄鲁特之漏网者”。

乾隆二十三年（1758年）春，清军分两路，一路由博罗布尔领兵，一路由赛里木领兵，“如弥场中分两翼合围”，约定于伊犁会合。“凡山陬水涯，可渔猕资生之地，悉搜剔无遗”。此时，厄鲁特屡经内乱，元气耗尽，而此次对达瓦齐、阿睦尔撒纳之乱征剿，该部再无余力对抗清军。凡清军所到各部落处，“呼其壮丁出，以次斩戮，寂无一声，骈首就死”。准噶尔部民众已失去任何抗御能力，只能是引颈就戮。对妇女、幼儿“悉驱于内地”，赏给军士，但多死于途中。“于是厄鲁特之种类尽矣”。据估计：当时，凡病死者十之三，逃入俄罗斯、哈萨克的有十之三，被清军杀死者占十之五，“数千里内，遂无一人”。

应当指出，清军对准噶尔部尚未赶尽杀绝。计厄鲁特四部中，唯杜尔伯特的策楞（又写作“车棱”）汗对清始终无二，而且平叛有功，得以保全。其次是小策零敦多卜子达什达瓦妻率部投诚，徙热河，编旗籍。这就难怪数千里内无人烟了。

清扫荡准噶尔部，实为空前浩劫，清人对此作出种种解释。有的说：“王师初入（准噶尔部），兵不血刃，矢不再发，而天不许也。王师再入，师则屡次，垒则再因，而天又不许也。几大幸，又几大不幸，一激再激，以致我朝之赫怒，帝怒于上，将帅怒于下，合围掩群，顿天网而大狝之，穷奇混沌梼杌饕餮之群，天无所诉，地无所容，自作自受，必使无遗育逸种于故地而后已。”又说：“毒蓄屡世，发于一旦，夫宁一阿逆（指阿睦尔撒纳）之故哉？即使阿逆不叛，四汗分建，亦必不数年一反，十数年一反，王师旋罢旋兴，仍同康熙、雍正中已事，安能耆定百年，一劳永逸？故曰：天也。”早在圣祖、世宗时，屡集廷议，讨论对准噶尔部的政策，曾发出“此贼不灭，天下不安”之慨。“数穷理极，天钟一阿睦尔撒纳以倾覆之”。此为“天意”说，换言之，就是“势所必然”，不得不行此极端之策。

还有相类似的说法："苍天欲尽除之，空其地为我朝耕牧之所，故生一阿逆以为祸首，辗转以至澌灭也。自此偃息兵戈，垦辟屯田，中原民争趋之，村落连属，烟火相望，陌巷间牛羊成群，皮角毡褐之所出，商贾辐辏，自有天地以来，漠南北之地，未有如今日景象也。"此论也说灭绝准噶尔部为"天意"，即上天有意降生此"阿逆"，使准部遭此大劫难，才永获安宁。空其地，使汉人居之，致有繁荣景象之再现。这是说，坏事变好事，是值得的。

两种说法，实质为一，都声称"天意"所然。沧海之变，常常是靠无尽的生命与鲜血才换来的。西北边疆得以巩固，收入版图，是经历了数十年反复较量，耗尽无数财富，用血与火才达到了目的。这就是说，历史的每一次飞跃，总是要付出重大的甚至是惨重的代价。实际上，无论是准噶尔部，还是清朝，乃至全国都付出了牺牲。自此以后，西北得以安宁，且牢牢地处于清朝的直接控制之下，真正成为中国版图不可分割的一部分。

新疆是中国西北部的边陲地区。它北与蒙古、西与俄国及部分中亚国家如阿富汗、巴基斯坦等国相邻接。论面积，它是全国最大的一个省区。在沙俄割占以前，其面积比现在的新疆还要大得多。这一广大地区自古就是中国的领土。秦汉时，这里称西域，至清代，乾隆朝时改称新疆。有关它的历史记载，可与历代王朝的更迭相终始。

天山山脉横亘新疆中部，西起葱岭，东抵哈密，延袤数千里，把新疆自然分成两大部分：天山以北，习惯称北疆，以南称南疆。清代，又称北疆为天山北路，南疆称天山南路。所谓回部，即指天山南路，这里是维吾尔族聚居地区。唐宋时，始称为回纥，又写作回鹘。后又称"回回”，大抵是由“回纥”音转而来。所以，清代又把这一地区叫做回部，北疆所居之准噶尔则简称准部。回部、准部既概指民族，也是对这些地区的称谓。

回部宗教信仰，唐以前皆信佛教，约自北宋初，伊斯兰教传入南疆，至元以后盛而不衰，舍佛教而代之，成为回部“独尊”的宗教。

明清之际，统治回部的是叶尔羌汗国，为元太祖次子察合台的后裔所建。清入关后，顺治三年（1646年），叶尔羌迅速与清朝建立了政治上的隶属关系，朝贡不断，双方不存在任何问题。但是，叶尔羌很快陷入内乱之中。一方面，伊斯兰教在南疆传播过程中，形成了“黑山宗”（以头戴黑色单帽为标志）与“白山宗”（以头戴白色单帽为标志）两大派系，引发出激烈的教派之争，互为倾轧；另一方面，准部崛起，以噶尔丹为开端，吞并南疆，灭亡叶尔羌汗国；其后又有策妄阿拉布坦、噶尔丹策零、达瓦齐等先后入侵南疆，实行极为残酷的统治，将各城诸汗及大批维吾尔人迁往天山以北准噶尔地区，他们的酋长、宗教领袖被囚于伊犁。所以，内乱教派纷争与“外患”交织在一起，南疆回部四分五裂。

乾隆二十年（1755年）六月，清军定伊犁，达瓦齐被擒获。被囚于伊犁的大、小和卓木即布拉尼敦、霍集占兄弟，也被清军营救出来。根据乾隆指令，派军队护送布拉尼敦回故地叶尔羌，扶植他统治南疆。他所属的白山宗得势，黑山宗则受到无端的迫害；其弟霍集占仍被留于伊犁，掌管当地回民事务。阿睦尔撒纳叛乱时，霍集占暗中率众助逆。阿睦尔撒纳败逃回叶尔羌，霍集占鼓动其兄布拉尼敦与清朝脱离关系而自立，声称：“我祖宗世以此受制于人，今幸强邻（指准部）已灭，无逼处者，不以此时自立国，乃长为人奴仆，非计！中国所得准部，反侧未定，兵不能来；即来，我夺险拒之，馈饷不继，可不战挫也。”他自立为“巴图尔汗”，传檄各城，集士马、糗粮以待。

听霍集占之言，实属狂妄。他应该看到准部从噶尔丹到阿睦尔撒纳，哪个不强大？结果，都以身败名裂而终。南疆屡被准部侵吞，他们的父亲及他们兄弟俩不敌准部，相继被囚于伊犁，幸赖清军解救，护返故地，扶为南疆之主。他不图安宁，不自量力，故求一逞，企图自立于中国之外。毫无疑问，是分裂中国统一的罪恶行径。霍集占很快付诸行动：拒绝执行清廷下达的政令，于乾隆二十二年（1757年）三月，公然杀害了前往库车招抚的副都统阿敏道及随从满洲官兵百人。在他的煽动下，南疆回民及各城主同时响应，唯库车、拜城、阿克苏三城的阿奇伯木克、如鄂对等人拒绝起兵，逃往伊犁，其家属皆被叛军杀害。

乾隆二十三年（1758年）春，乾隆下令征讨，命雅尔哈善为靖逆将军，率军万余，首战库车城，将城包围起来。霍集占兄弟率万余鸟枪兵自阿克苏赶来解围。双方激战一整天，叛军大败入城。此正是捉拿霍集占兄弟的大好时机，于是，提督马得胜以城难攻，献掘地道计，力图尽快破城。谁料被叛军发现，用水灌地道，掘地道的清军尽没。雅尔哈善不曾料到，霍集占兄弟于六月十三日夜自城西门冲出，逃往阿克苏。事先，如鄂对曾提醒雅尔哈善，叛军将逃，应予严备。但他不信不听，终日下棋，也不派兵巡视，故有此结果，延续了战争的时间。尤其是守西门的副都统顺德纳明知叛军逃跑，竟不发兵追击。乾隆闻讯大怒，先后将雅尔哈善、顺德纳、马德胜革职，然后处死；参赞哈宁阿也难逃一死。

数日后，库车、阿克苏两城相继投降。

乾隆改命尚书纳木扎尔代替雅尔哈善。这时，将军兆惠已完成对准部叛军的征剿，乾隆命他移师南疆。乌什城伯克霍集斯派其子迎清军入城，赛里木城、沙雅尔城相继迎降。形势的发展，对清军十分有利。

霍集占兄弟如丧家之犬，狼狈南逃，所过城堡，均被拒绝接纳。霍集占只好逃到叶尔羌（新疆莎车），布拉尼敦则逃到喀什噶尔（新疆喀什），分守两地，做最后挣扎。

十月初六日，清军至叶尔羌。叛军屡次出城接战，均被清军击退，再也不敢出城。兆惠所率步骑仅4000人，大部兵马未集，无法围城，即择有水草处黑水河畔结营，称黑水营。十三日，兆惠挥千余骑渡河欲取其牧群，以充军实。不幸误中诡计，霍集占以步骑1.5万余，前后夹攻，迅速包围。清军拼死力战，多有伤亡，兆惠坐骑连毙两马，总兵高天喜、副都统三保、护军统领鄂实等重要将领都战死于阵中。至日落收兵回营，又被叛军包围起来。围困长达三个月，粮食将尽，杀马乃至杀人为食，兆惠和他的余众危在旦夕。此次大失误，在于孤军深入，对叛军估计不足，大部兵马离散，就深入“虎穴”，陷入危亡之中。

乾隆得报，迅速派出援军前往解围。先有富德率所部与参赞大臣、驻阿克苏办事侍郎舒赫德部会合，疾驰赴援，于乾隆二十四年（1759年）正月六日至呼尔城，与叛军遭遇，大战四昼夜，受阻而不能进兵。时值严冬，沙碛地无水，兵士皆嚼冰以解渴。正值危机，幸好有巴里坤大臣阿里衮率马、驼与部分援军至，接着，又有爱隆阿所部赶来，士气大振，三路人马趁夜突进。叛军虽多，不辨清军虚实，只听得驼、马嘶叫，声尘合沓，顿时崩溃，自相格杀，溃败而逃。将抵黑水营，兆惠判定援军已至，遂率部冲围，尽焚其垒，叛军大败入城。围解，清军会合。“自去年至今，孤军在万里外，陷重围者三月，卒得全，莫不喜极涕出”。为了国家的统一，为了保全国土的完整，清将士奋战在万里荒远之地，爬冰卧雪，血洒异乡，能不感人；平叛息乱，能不受到称颂！

清军整队回阿克苏集结。乾隆马上进行新的部署，调兵遣将，筹集粮饷，征调驼、马，至六月，已调兵21万人、马3万匹、驼1万头，皆集于阿克苏。决策两路进兵：兆惠由乌什取喀什噶尔；富德由和阗（今和田）取叶尔羌，每路兵各1.5万。霍集占兄弟已被去冬以来清军浴血奋战所震慑，此时又得到清军大举南下的消息，知事不可为，即弃城驱人畜越葱岭西逃。六月十四日，兆惠部至喀什噶尔城；十八日，富德军至叶尔羌，当地回民“皆具鼓吹，进羊酒”，迎清军进城。

七月七日，清军追至阿尔楚山，大败叛军；二十五日，追至哈喇库勒，再败叛军。八月十日，至伊西洱库尔淖儿，这里是巴达克山部落交界处。霍集占兄弟作困兽之斗，指挥部众死战，仍被英勇的清军击败，招降1.2万余人，牲畜以万计。兄弟两人仅携三四百人逃到巴达克山。在富德将军的严正要求下，该处酋长素尔坦沙下令逮捕了两兄弟，当即处死，并将霍集占的头颅献给了清军。

历时近两年艰苦征战，回部彻底平定，大功告成。如乾隆所称：“关门以西，万有余里，悉入版图，如左右哈萨克、东西布鲁特，及回部各城，以次抚定，现在巴达克山诸部落，皆知献俘自效，捧檄前驱，以亘古不通中国之地，悉为我大清臣仆，稽之往牒，实为未有之盛事……”乾隆的这番话，是对用兵准、回两部的总结，反映了当时的实况。他开疆拓土，实现了祖、父的未竟之业，消除了西北与天山南北的乱源，维持了这一地区长久的安定局面。这一结果，生动地证明他把“盛世”推向前进。

乾隆比其祖、父的高明之处，就是他已经深刻地认识到，要从根本上一劳永逸地消除西北地区准部及南疆回部动乱不止的根源，必须彻底改革其政治体制，把它们直接置于朝廷的控制之下。在平定叛乱之后，乾隆迅即决策，在西北设置行政管理机构。乾隆二十七年（1762年），以伊犁为“新疆都会”，仿东北地区建置，设“总管伊犁等处将军”，管理这一广大地区的军政财经庶务，将军驻惠远城，其下分设都统、副都统、参赞大臣、领队大臣、管理大臣、总管等各级官职，分驻各中心城镇。回疆地区，只用其旧名，诸如阿奇木伯克（总管）、伊沙噶伯克（协理）、噶杂拉齐伯克（专掌地亩钱粮）、商伯克（征输粮赋之官）、哈子伯克（掌诉讼）。首先，废除原先由当地推举或父子相继的体制，以上各级官员统由朝廷指派、皇帝批准，管理回疆事务。他们作为朝廷命官，一则听命于朝廷与皇帝指令，接受任免；一则受本地参赞大臣等节制，又统于伊犁将军管辖。其次，派兵驻守。除了原有城镇驻兵，另外又相度地势和道里远近筑城驻兵，像惠远、惠宁、绥定、广仁、赡德、拱宸、熙春、塔尔奇、宁远九城，都是这个时候修筑的，环伊犁而筑，星罗棋布，势若连珠。这样，新疆南北路都受到清军的严密控制。以往，清军平乱后迅即撤离，仍交由当地部落酋长管理，结果，又重新聚集力量，再掀叛乱。而今，清朝直接管理，派官驻兵，从根本上消除叛乱的客观条件，从此便安定了下

来。乾隆采取又一项有力的措施，就是移民屯田。先派兵屯种，继之招募回民往伊犁等处屯垦，还将免死犯人发遣到这里开垦荒地。随着开垦的兴隆，再吸引内地人迁移，或从事贸易，于国家于个人大有裨益。在乾隆的决策和倡导下，新疆屯田迅速发展起来，“东自巴里坤，西至伊犁；北自科布多，南至哈喇沙尔”，各类屯田如雨后春笋，遍地开花，充满了蓬勃生机。

写到这里，需要补叙一件重大历史事件——土尔扈特人回归祖国。此事与乾隆平定新疆有直接关系。原来，土尔扈特本为明时漠西厄鲁特蒙古四部之一，游牧于雅尔（新疆塔城）地区。当至明末，因不堪忍受准噶尔欺压，全部落迁移至俄国境内伏尔加河定居。但他们又受到沙俄的欺压，生活很艰难。一百余年过去了，他们心系祖国。乾隆二十三年（1758年），清军平息了阿睦尔撒纳，相当多的厄鲁特人纷纷逃入俄国，传送准噶尔被消灭的消息，于是激起厄鲁特人回归祖国的强烈愿望。在其首领渥巴锡汗的领导下，于乾隆三十五年（1770年）冬，率部众近17万人，毅然重返故土。历经艰难险阻，渥巴锡率部冲破沙俄的阻断，行程万余里，于乾隆三十六年（1771年）六月，终于抵达新疆伊犁边外。这时，渥巴锡部仅剩七万余人。乾隆闻讯，毫不迟疑地表示欢迎他们归来。乾隆被厄鲁特人的精神所感动，也对他们遭受苦难和付出的巨大牺牲表达了极大的同情。他指示调发牛羊、仓米、茶叶、羊裘、布匹、棉花、毡庐等大批物资，还调用200万两银购买物资，使他们的生活得到了周到的安排，从内心感受到祖国的温暖。同年九月，渥巴锡率属下大小头目应邀赴避暑山庄，乾隆接见他们，赐渥巴锡为旧土尔扈特卓里克图汗，以下分别封为亲王、郡王、贝勒、贝子等爵。所部编旗，设扎萨克，以天山南路珠勒都斯地区为其游牧地。他们都受伊犁将军管辖。

土尔扈特人回归是一首悲壮的长歌，在清代民族关系史上无疑是一段值得传颂的佳话。此事发生在乾隆朝鼎盛时期，它给盛世增添了一份特有的光彩。乾隆对此事处理得当，足见其心胸博大，见识宏远，在处理民族问题上树立了一个范例。

## 乘胜追击，征战四方

清朝向缅甸、越南三国用兵，是国与国之间的战争，故一起叙述。清朝同他们的战争，背景不同，起因各异，性质亦有区别。

这些战争都发生在乾隆晚年，盛世已达顶峰，虽隐然已呈回落之势，但仍然显示出一个强国的威风。

缅甸是我国近邻，云南省大部分地区与之接壤。明初，缅甸已归属中国，至清入主中原，于顺治十八年（1661年）吴三桂率军入缅，逼其交出逃亡的永历帝，此后，双方失去了联系，缅不朝不贡，持续了近百年。当乾隆初年，双方正欲建立隶属关系时，却发生了大规模的战争。

战争的原因，颇为复杂，总由一些边事酿成军事冲突。乾隆十八年（1753年），缅甸发生内乱，各土司互相攻杀，长达十余年。一些土司、溃兵及百姓纷纷进入我国云南境内避难。云贵总督吴达善乘机勒索宝物，引起骚乱，云南土司与缅人冲杀起来，形势进一步恶化。缅甸内乱后，被木梳头目瓮藉牙父子所统一，以各种借口，进入我边境骚扰，如与缅邻界的耿马、孟定、孟连等土司，屡受侵犯，甚至已深入到距普洱不远的地区。时任云贵总督的刘藻以谎报军情，隐瞒失地而被降职，后畏罪自杀。乾隆再派陕甘总督杨应琚前往云南，主持大计。据杨应琚调查，边事起衅，纯属缅甸入侵抢劫，夺占中国土地。由此造成中缅开战，责任完全在缅甸。杨应琚按乾隆指令，重新组织清军反击，很快收复了失地，将缅军逐出中国。

中缅争端本来只发生在局部，双方原无大动干戈之意。但杨应琚听信缅境木邦土司提出内附中国的请求，又受到请将征缅的蛊惑，便上疏乾隆，建议趁机攻取缅甸。乾隆以杨应琚“久任封疆，夙称历练，筹办一切事宜，必不至于轻率喜事，其言自属可信”，竟批准了他的建议。一场本来可以避免的大规模战争终于爆发了。

乾隆三十一年（1766年）九月，杨应琚挥军攻缅，进入蛮暮土司之新街，邻近土司纷纷约降。杨应琚传檄缅甸，号称清军50万，命缅投降。缅置之不理，调兵数万，分四路出击。清军猝不及防，加之兵少，很快被击败，新街失守。杨应琚惊慌失措，未向朝廷通报实情，而是掩败为功。不久，谎言暴露，乾隆大怒，下令革其职，逮捕问罪，后命其自尽。第一次征缅，清军以失败而暂告结束。

接着，乾隆委派明瑞为云贵总督，统兵攻缅。乾隆三十二年（1767年）九月，明瑞率两万余兵马，分两路出击。当清军锐气正盛之时，又有明瑞指挥得法，连连获胜，迫使缅军不断后退。但是，越是深入，困难也越大。由于地理不熟，常迷路，气候恶劣，清军病亡日增。更严重的困难是粮饷不继，而缅方行坚壁清野之策，使清军野无可掠。明瑞全无顾忌，力主进军缅甸都城阿瓦，这就犯了孤军深入的大忌。缅甸侦知清军已空虚，便组织重兵反攻。缅军先围四千余清军于木邦，予以全歼；至明瑞因粮尽率军后撤，缅军纠众尾追，“五日不战”。明瑞率军退至小猛育，距国境仅200里，缅军已集结四五万人，以优势兵力将清军包围。明瑞下令趁夜突围，尽管将士们拼死搏斗，仍无法冲出重围，死伤累累，诸将也多死伤。明瑞已身负数伤，及冲出20里外，自虑难以逃出，便从容下马，于一棵树下自缢。乾隆对其甚为崇敬，给予优恤。额尔登额、谭五格等将临危逃跑，乾隆将他们处死。清军第二次征缅又以失败无功再告一段。

乾隆决意获胜，再选将增兵，于乾隆三十三年（1768年）二月，选派大学士傅恒为经略，以协办大学士阿里衮、阿桂为副将军、舒赫德为参赞，共增调兵达五万，马骡七万匹，再次大举攻缅。傅恒率军深入缅境2000余里，同缅军激战不已，连获大捷。缅甸已经两次被征讨，损失亦重。此次再遭重创，已无力再打下去。在两军相持不下时，缅甸趁机提出和谈，具表求降。傅恒即率所部班师。乾隆自知短期用兵难以奏效，于是准许议和。迟至乾隆五十三年（1788年），缅甸派使者前来，愿投诚纳贡。乾隆五十五年（1790年），乾隆册封其统治者为缅甸国王，恢复了一切秩序和贸易关系，缅甸成为清朝的属国。

安南即今越南，自明初以来，黎氏世为国王，接受明朝敕封为属国。至清顺治十六年（1659年），清军下云南，国王黎维禔遣使归服。康熙五年（1666年），正式册封黎维禧为安南国王，确立了政治上的隶属关系，往来密切，边疆安宁。

黎氏安南对清朝很恭顺，不存在任何问题，但国内却不安定，内乱迭兴。以陈、莫、阮、黎为国内四大姓，世为望族，各据一方。自清初即有占据高平的莫元清与国王黎维禧之争，至康熙十三年（1674年），黎氏击败莫氏，安南尽归一统。

乾隆时，安南两大政治集团再次掀起内乱。一是郑氏专国政，一是世袭割据广南的阮氏，实力尤强。乾隆五十一年（1786年），阮惠驱逐郑氏，自专国政。后尽取珍宝回广南。郑氏臣属贡整欲扶黎拒阮。阮惠遣将阮任率兵数万攻破国都，贡整战死，国王黎维祁逃亡。阮任据国都，意欲称王。乾隆五十三年（1788年）夏，阮惠兴兵诛杀阮任，请黎维祁复位。黎维祁知其叵测，不敢出。阮惠知都城民心不附，便尽毁王宫，携子女玉帛返回新筑的富春城。国内大乱，国王隐藏，其母和妻子等家族二百余口冒生命危险逃入边界清方一侧。

两广总督孙士毅、广西巡抚孙永清将安南之乱的情况迅速上报。乾隆据此表明态度："黎氏守藩奉贡百余年，不屑乘危利其土地，宜出师问罪，以兴灭继绝。"从清朝的立场看问题，出兵援助历年忠顺的黎氏政权是很自然的，顺理成章的。况且内乱并非农民起义，完全是安南统治集团内部争夺权力的斗争，殃及国人遭受战乱之苦，也干扰了中国边疆的安宁。清朝出兵是履行双方早已形成的契约，无论是从道义或政治利益考虑，都是必要的。

乾隆五十三年（1788年）十月，孙士毅与广西提督许世亨统兵1万出镇南关（今名睦南关），留兵2000驻凉山为声援，以8000之众直趋王京。

另一路由云南提督乌大经统率，共8000人马取道开化厅之马白关，直趋宣化镇。两路进兵颇为顺利，不断击溃阮惠军队的有限抵抗，于十一月二十日黎明，孙、许部进入都城，受到黎氏宗族、百姓的欢迎。国王黎维祁隐匿民间，闻讯而喜，至营谒见孙士毅。乾隆早已料及事成，已先命礼部铸印、内阁撰册，邮寄军前。孙士毅即于二十二日宣诏，册封黎维祁为安南国王。

此时，阮惠已逃回广南，孙士毅计划前往追讨。孙永清认为，都城离广南2000里，等于从镇南关到都城的距离，转饷困难，反对兴兵南下。乾隆同意孙永清的意见，下令班师进关。孙士毅贪功，迁延不撤兵，又不做准备。阮惠侦知清军空虚，于年底倾巢出动，偷袭都城。第二年即乾隆五十四年（1789年）正月初一，清军置酒欢庆元旦，忽报阮兵蜂拥而至，仓皇迎战，很快被阮军击败，溃不成军。孙士毅夺渡富良江，破坏浮桥以断追兵，而留在南岸的清军及提督许世亨、总兵张朝龙及以下官兵夫役万余人不得渡桥，都挤死或淹死在江中。士马生还者还不到一半，其粮械、火药数十万都焚毁或丢弃。国王黎维祁携家再度逃到中方一侧。乾隆得报，下令革去孙士毅职务，送到北京待审。

阮惠重新夺取了安南统治权，十分恐惧清军再来征讨，急忙派其侄儿阮光显前来中国谢罪乞降，申明起兵原因，“非敢抗中国”。事到如今，乾隆通权达变，看到黎氏积弱，不能守国，“是天厌黎氏，不能存立”。因此，他批准了阮惠的奏表，废黜黎维祁，赏三品衔，编入旗籍，安置在北京。乾隆五十七年（1792年），正式封阮光平为国王。嘉庆七年（1802年），改国名为越南。

# 平定叛乱，四方来朝

在古代众多的帝王中，在生前传位的皇帝为数甚少，其中除极个别的是有意模仿古人、沽名钓誉之外，绝大多数是被迫的。乾隆皇帝是一个特例，他统治清朝60年，使社会达到极盛；85岁高龄之时，又主动举行了传位大典，当上了太上皇；3年以后，方才寿终正寝。

# 逐廓尔喀，订立章程

18世纪以前，尼泊尔由关系较为松散的24个部落组成。有一个叫廓尔喀的部落较为强大，它位于尼泊尔的政治、文化中心加德满都的西北。

清王朝建立之后，尼泊尔24个部落中的雅木布、叶楞、库库木三部与清政府建立了较为密切的关系。雍正十年（1732年），三部落汗向清政府遣使请安，进贡礼物。而此时逐渐强大的廓尔喀部开始向周围部落蚕食扩张。乾隆三十四年（1769年），廓尔喀汗博赤纳喇趁尼泊尔诸部发生内讧之机，发兵向各部征战，武力统一了尼泊尔，建立了新王朝，博赤纳喇自称为国王，定都加德满都。

博赤纳喇死后，他的儿子西噶布尔达尔巴克继承了王位。乾隆四十年（1775年）左右，西噶布尔达尔巴克把王位传给年仅4岁的第五个儿子兰巴哈都尔。因其年幼，由他的叔父巴都尔萨摄政。野心很大的巴都尔萨，在摄政期间极力推行对外扩张政策，邻近尼泊尔的西藏就成了侵略扩张的主要目标。

清朝建立以后，对西藏的控制一直较弱。雍正时在西藏设立驻藏大臣，统治虽较以前有所加强，但西藏政务仍处于较为松弛和混乱的状态中，西藏上层内部纷争时有发生。乾隆中叶，廓尔喀不断袭扰西藏边界，而此时西藏内部因争夺遗产发生内乱，这就为廓尔喀的入侵提供了契机。

廓尔喀第一次侵扰西藏，与沙玛尔巴唆使有关。乾隆四十五年（1780年）五月，为给乾隆帝祝寿，六世班禅贝当益喜进京，乾隆帝倍加礼遇，厚予赏赐，并颁给金册玉印。

贝当益喜东来期间，乾隆帝的赏赐，加上在京王公的赠予，蒙古诸部的奉献，达数十万金，宝冠、璎珞、念珠、晶玉钵、镂金袈裟不计其数。这些宝物运回西藏后，均由其胞兄仲巴呼图克图保管。仲巴呼图克图将这些财物据为己有，一点也没有分给他的弟弟沙玛尔巴呼图克图。沙玛尔巴当时居住在廓尔喀，他怀恨在心，便唆使廓尔喀以“商税增额，食盐糅土”为词，派兵侵入后藏。

廓尔喀入侵西藏的主要原因是贸易纠纷。尼泊尔与藏毗邻，“彼此通商，相安已久”，因此尼泊尔货币在西藏流通。廓尔喀征服尼泊尔以后，新币一枚当旧币二枚用，直接损害了西藏的经济利益。格桑嘉措曾提请尼泊尔禁止这种行为，但是廓尔哈不但拒绝，还以西藏官员“妄增税课繁重，盐掺杂质”为由，于乾隆五十三年（1788年）六月，派手下头领素喇巴尔达布率军三千，突然进攻西藏，占领了边境上的重地聂拉木、济咙，而后又攻陷了宗喀、萨额等地。驻藏大臣庆麟得知，急忙调集汉藏官兵近五千人予以迎击。乾隆皇帝又先后任命四川总督鄂辉为将军，提督成德为参赞，理藩院侍郎、御前侍卫巴忠为钦差大臣，前往西藏直接指挥前线军务。而此时的西藏地方政府并不想以武力抗击廓尔喀，以萨迦呼图克图和仲巴呼图克图为首的少数西藏贵族，不顾西藏人民的利益，私下与廓尔喀联系，商量议和之事。当年十二月，巴忠到达西藏之后，对议和一事也采取了支持与纵容的态度，并擅自同意了拟定的议和条件：廓尔喀人入藏贸易，税收减免一半；宗喀、济咙、聂拉木三处为廓尔喀人往来门户；每年送给廓尔喀岁币一万五千金，以换回被其侵占的聂拉木三处的中国领土。和约议定之后，廓尔喀军退出了中国境内。巴忠奏闻乾隆皇帝：西藏前线之事已了结，而对与廓尔喀私下议和之事却只字未提。

乾隆五十六年（1791年），廓尔喀第二次入侵后藏，出兵抢占聂拉木。随后，廓尔喀又出兵占据济咙。此时，沙玛尔巴再次唆使廓尔喀抢掠寺庙，作为藏内违约的补偿。廓尔喀分两路进犯，一路由济咙进口，围攻宗喀；一路由乌咙前进，滋扰定结。八月，乌咙一路廓尔喀兵占领定日，攻宗喀不克，向济咙败退；济咙一路则未遇大的抵抗，很快占据了萨迦庙。廓尔喀兵向日喀则进发，驻防汉兵一百余名坚守十七昼夜，廓尔喀兵占领了扎什伦布寺。

乾隆五十六年（1791年）十月，乾隆帝听到廓尔喀兵再次侵入西藏的消息，下令对廓尔喀贼匪严加惩戒。他命四川总督鄂辉带兵入藏，但鄂辉心存推诿，办事极为不力。十一月，乾隆帝改派福康安为大将军，海兰察、奎林为参赞大臣，率领索伦兵2000余名从西宁出口进藏，以后又陆续调川兵、藏兵约1.5万名开赴前线；并命四川总督孙士毅、驻藏大臣和琳等负责粮草转运；将鄂辉、成德革职，仍命军前效力。十二月，福康安首先派成德领兵向聂拉木进发，作为偏师。成德带同穆克登额领兵攻克柏甲岭，乾隆五十七年（1792年）正月收复聂拉木，将廓尔喀大头人呢吗叭噶斯击毙。三月，福康安亲自带兵进剿敌匪，还传谕布鲁克巴、哲孟雄、甲噶尔等王出兵助战。四月，福康安大军自第里浪古起程，五月初七收复擦木，初十克复济咙，十五日攻占热索桥。至此为止，清军将廓尔喀人占领的西藏地方全部收复。

遵照乾隆帝谕示，福康安率领大军继续前进，很快深入廓尔喀境内，先后攻克布鲁克玛、协布鲁以及扎木等地，临近噶多地方。清军分作三路，自六月初三发起进攻，经过激战，初九即已抵达雍雅地方。七月，清军发起对噶勒拉山区的进攻。经过噶革拉、堆补木、特帕朗古桥、甲拉古拉、集木集等处七百余里多次战斗，清军虽然最终获胜，但伤亡十分严重，都统台斐英阿、副都统阿满泰、御前侍卫墨尔根、保和、英贵等重要将领均阵亡。经过这一血战，清军逼近廓尔喀首都加德满都，廓尔喀国王遂遣使求和。

廓尔喀国王喇特纳巴都尔最开始听到清军赴藏进讨廓尔喀兵的消息后，曾向清政府请求罢兵，理所当然地遭到拒绝。乾隆五十七年（1792年）三月，在福康安统兵进剿前夕喇特纳巴都尔又呈递福康安禀帖一封及金花缎布匹、千里镜等物件，建议停止进兵，福康安以“诈妄之言，更不足信”而予以批驳。喇特纳巴都尔还曾遣使前往印度，请求孟加拉东印度公司以武力支援，未有成功。在外援断绝、清军已进抵边界的情况下，廓尔喀开始向清政府请罪求和。五月二十八日，喇特纳巴都尔命将上年在聂拉木所掳的汉兵遣送回藏，并呈递福康安及官兵呈帖各一件，请求允准派遣大头人谢罪请降，福康安再次加以拒绝。六月初九，喇特纳巴都尔又将丹津班珠尔及内地兵丁、藏族群众20余人送回清军大营。十八日，还派大头目四人，到清军大营递禀乞降。福康安提出，廓尔喀必须将抢走的扎什伦布寺的所有东西归还，廓尔喀国王及其叔父来清军大营叩头认罪，从前在济咙边界所立大小合同两份一并交出查销等议和条件。七月初八，在清军逼近加德满都的情况下，喇特纳巴都尔派人表示愿意接受福康安所提各项条件。十七日，廓尔喀交出大小合同两份，送出沙玛尔巴骨殖、抢掠扎什伦布寺的贵重物品以及沙玛尔巴妻女等。

考虑到秋季已临近，若大雪封山，大军难以返回，道路险远、伤耗日增、粮饷不易接济等原因，福康安在乾隆帝授意下决定接受廓尔喀国王乞降。八月初八，喇特纳巴都尔派遣办事大头目噶箕第乌达特塔巴等四人恭赍表文准备前去北京，并备乐工、驯象、番马等物品29种，随表进呈，表示此后永远不敢侵犯边界。十三日，喇特纳巴都尔又派人给清军大营送来水牛、猪羊、食米、果品、酒等慰劳官兵。二十一日，福康安等自帕郎古领兵从廓尔喀境内撤回济咙；九月初三，派遣乾清门侍卫珠尔格阿等人护送廓尔喀贡使自济咙起身前往北京。

在清朝入关之前，厄鲁特蒙古中有一和硕特部迁到青海，其首领固始汗和西藏的宗教领袖合作，在西藏建立了和硕特蒙古与宗教的联合统治。从此，和硕特部贵族在西藏也有相当大的实权，在西藏政务的管理上，西藏上层与和硕特贵族之间常常发生矛盾。康熙五十五年（1706年），准噶尔部的策妄阿拉布坦趁西藏内乱，带兵入侵，进行烧杀抢掠，占领拉萨。清政府遂派兵进藏平乱，击败准噶尔。康熙皇帝看到西藏政局长期以来一直不稳定，决定加强对西藏的管理。康熙六十年（1721年），在西藏建立了由四名噶伦（政务官员）组成的地方行政机构，任命西藏贵族康济鼐为首席噶伦。雍正五年（1727年），为争夺西藏的最高统治权，噶伦之间又发生内讧。清政府感到完全依靠当地人统治西藏，政局很难稳定，内讧平息后，清政府在西藏设立了代表中央政府的驻藏大臣，协助和监督地方政权处理政务。但是，中央政府与地方政权、驻藏大臣与宗教首领之间的矛盾并没有完全解决，常常为一心欲夺取西藏最高统治权和脱离清政府控制的一些叛乱分子造成可乘之机。乾隆十六年（1751年），为了把西藏政府纳入一个较为正规的管理轨道上来，乾隆皇帝指示四川总督策楞等拟定了一个改革西藏行政的章程，由中央政府批准实施，这个章程就是《西藏善后章程》，共13条。在这个章程中，清政府一方面突出地提高了驻藏大臣的地位；另一方面又加强了寺院集团执政的权力，抑制了权势显赫的贵族势力，使政教双方权力平衡、互相牵制。乾隆五十三年（1788年），清政府组织武装力量击退入侵西藏的廓尔喀之后，乾隆皇帝即刻着手对藏政再一次进行系统、全面的整治与改革。

乾隆五十七年（1792年），命军机大臣阿桂、和珅与福康安等人会同宗教领袖共同商议在《西藏善后章程》的基础上，制定一个更完善有效的章程。同年七月，阿桂等人拟出了一百余款的章程草案交与清政府，乾隆皇帝最后裁定为29条，定名为钦定《西藏章程》，下令正式颁布实行。这使西藏的政务有了一个更为系统的章程可遵循，是清中央政府对西藏的全面而有力的控制与管辖的体现。主要内容如下：

第一，关于驻藏大臣的权限；第二，关于各级官员的任命；第三，建立金奔巴瓶制度；第四，关于外交事务的办理；第五，关于军事驻防；第六，关于财政制度；第七，关于宗教事务。

从上述内容可以看出，《西藏章程》就西藏政治、经济、军事、外交、宗教各个方面都做了较完整、系统的规定。《西藏章程》旨在削弱西藏地方行政权力，扩大驻藏大臣的权力，建立一个由中央委任驻藏大臣，驻藏大臣统辖地方政权的垂直的统治系统。通过这个具有西藏地方最高法规性质的《章程》，清政府对西藏的控制大大加强了。这两个《章程》的制定，也进一步密切了西藏与内地之间诸方面的联系与合作，对促进西藏社会的发展起到了积极作用。

## 英使来华，入朝觐见

清王朝实行闭关锁国政策，认为自己是天朝大国，只有他国对自己有所求，而自己则对外无任何需求。由于这种思想，清政府对外的政策都是以政治需要为先导，随政治形式的变化而变更的。

清初，郑成功占据台湾，在福建、浙江沿海一带进行武装抗清斗争，清政府为切断其与大陆上的联系，实行了严密的海禁政策，下令封锁海域，不准船只入海，又将近海居民向内地迁移。海禁政策的实施，限制了沿海居民，特别是以打渔为生的渔民的自由，中外之间的贸易往来也受到极大影响。荷兰、葡萄牙等殖民主义国家在顺治、康熙初年都曾派使节到北京请求开放通商，遭到了强硬拒绝。

康熙二十二年（1683年），台湾统一后，清政府于转年开放了海禁，允许中国商民出海贸易，又指定广州、漳州、宁波、云台山四处为对外贸易的通商口岸。但实际上受水陆交通等条件限制，对外的贸易基本上都集中在广州一处。

朝隆英使觐见记

17世纪中叶以后，资本主义的生产关系已开始在西方国家确立，为扩大原料来源、寻求商品市场，资本主义开始向东方扩张。特别是已夺得海上霸权的英国，国内资本主义迅速崛起，东进的欲望更为强烈，先是侵入印度，在印度设立“东印度公司”，作为侵略东方的基地，紧接着就派武装商船来到中国澳门，并驶往广州，企图以武力敲开中国的大门。

康熙二十八年（1689年），英国商船“防御号”来到广州，这是清朝开放海禁之后英国对华贸易的开始。英国后来又在广州设立了商馆，英对华贸易额逐步上升，到18世纪末，英对华贸易值分别占欧美国家输入、输出值的90%和70%左右。清政府有限的对外开放，远远满足不了西方列强的要求。到了乾隆年间，清政府的对外政策又有重大变化。乾隆二十二年（1757年），鉴于西方商人来华贸易出现的违法行为，也出于国内政治安定的需要，清政府明令取消其他几个口岸，只许在广州一口通商。为限制外商，又强化了广州的公行制度。公行行商实际上是双方的全权代表，一方面是受官方任命，向外商征收租课；另一方面又受外商委托，办理纳税事宜。公行制度极大限制了外商在华贸易活动。地方官对外商来华贸易，也多持消极态度。乾隆二十四年（1759年）十二月，两广总督李侍尧就向乾隆皇帝上奏“防夷五事”，主要内容就是禁止外商在华过冬、役使华人、雇华人传递信息及对外商、外商船停泊处严加管束稽查等。

为确保英商在华利益及顺利进行商品输出、资源掠夺等活动，英国决定派一个正式的外交使团，与清政府进行官方交涉。

乾隆五十七年（1792年），英国组成了一个以富有外交经验的马戛尔尼勋爵为首的访华使团。使团除设有正副使之外，还有包括秘书、翻译、医生和精通天文、化学的航海技术的专家及武装卫兵等在内的几百人随行。

九月二十六日，使团从朴次茅斯港出发，经英吉利海峡朝中国方向航行而来。清政府知道英使访华的消息后，以为他们是为乾隆皇帝祝寿而来，下令各地方官做好接待工作。

马戛尔尼使团于乾隆五十八年（1793年）五月十五日到达澳门，六月十八日抵达天津的大沽，长芦盐政徵瑞前往大沽迎接，直隶总督梁肯堂在天津宴请了使团。使团在天津逗留数日，由徵瑞陪同前往北京。七月二十九日，使团主要成员赴热河承德避暑山庄谒见乾隆皇帝。临行前，双方就觐见乾隆皇帝的礼节问题进行了较为激烈的争论。清方代表徵瑞提出马戛尔尼见皇帝时要行跪拜礼，而马戛尔尼执意不肯。争执未果，双方不欢而散。使团到达承德之后，继续商议礼节问题，最后双方商妥了一个折中的办法，即马戛尔尼以见英王之礼觐见乾隆皇帝，以单膝下跪，但免去了吻皇帝手的礼节。

八月初十清晨，乾隆帝在王公大臣的陪同下，在避暑山庄的万树园接见了马戛尔尼及副使斯当东等人。马戛尔尼以一膝屈拜，然后将所带礼品及英王书信进呈给乾隆帝，乾隆帝接受礼品及马戛尔尼的问候之后，设宴招待使团主要成员。会见之后，乾隆帝责成和珅等人陪同使团成员在避暑山庄游览观光。八月十三日，使团成员参加了为乾隆帝举行的盛大生日庆典。

乾隆帝在承德庆祝完生日后，清政府认为英使团来华任务已经完成，便让他们准备回国事宜。马戛尔尼见此，便在回到北京后不久，立刻向清政府正式提出了英方的要求，主要有以下几项：

第一，准许英国派员居住在北京，照管本国的商务；

第二，同意英商到宁波、舟山及天津进行商贸活动；

第三，英国商人应仿俄罗斯例，在京师设立一商馆，作为储存、发卖货物之用；

第四，在舟山附近择一小海岛处，作为英商留居、收储货物之地；

第五，在广东省城附近拨出一小块地方，让英商居住，并同意英商自由出入澳门经商；

第六，要求货物由广东至澳门在内河行走时，不上税或少上税。

对英方提出的种种要求，清政府官员向乾隆皇帝作了汇报。乾隆皇帝考虑再三，决定亲自给英国女王写一封回信。

乾隆皇帝对英方提出的要求，丝毫不妥协和让步，以严厉的措辞，有理有据地加以驳回，而对于身负重任的马戛尔尼来说，此次中国之行他是希望而来，失望而回。乾隆五十八年（1793年）九月初三，英国使团离开北京。此前，马戛尔尼曾向清政府提出再逗留几日，企图再做一次说服清政府的努力，但乾隆皇帝限令使团务于三日内离京。使团只好乘船沿运河南下，十二月到达广州，而后便乘船回国，于第二年八月返抵伦敦。

马戛尔尼使团没有完成英国政府交给他们的使命，英国欲从清帝国获得外交和商贸特权的目的自然没有达到。但通过中国之行的所见所闻，经过与清政府上层人物的接触，他们对当时清帝国的政治、经济、军事、文化、山川河流、风土人情有了一个全面的了解。斯当东在回英国后在《英使谒见乾隆纪实》一书中写道：“特使及全体随员在将近两年的时间内为国家完成了一项新奇而微妙的使命。”他们所接触到和观察到的在头脑中所留下的印象是“前所未有和不可磨灭的”。马戛尔尼说：“清帝国好比是一艘破烂不堪的头等战舰。它之所以在过去150多年中没有沉没，仅仅是由于有幸运的、能干而警觉的军官们的支撑，而它胜过其邻船的地方只在于它的体积和外表。”使团回国后对清帝国的全面介绍，使英国政府看到了清王朝已经处于不堪一击的状态中，这正是英国向中国展开攻势的大好时机。

嘉庆二十一年（1816年），英国再一次派遣以阿美士德为首的使团来中国，出使的目的同当年马戛尔尼出使的目的一样。使团于六月到达天津，清政府派工部尚书苏楞额、长芦盐政惠接待使团。双方又在觐见嘉庆皇帝的礼节问题上发生了激烈争执。嘉庆皇帝态度坚决，英使必须行三跪九叩之礼。阿美士德以各种借口拒绝觐见，嘉庆皇帝一怒之下，令英使团立刻回国。

英使两次来华，均未达到预期目的，清政府以坚决的态度、果断的行动回击了英帝国打开中国闭关自守大门的企图。虽然在这个回击中反映了清帝国故步自封，但同时作为一个主权国家，为捍卫和维护国家的独立，清政府的回绝也体现着正义和尊严，使英帝国侵略扩张的企图成为泡影，但他们的侵略本性不会改变。道光二十年（1840年），英国悍然对清帝国发动了鸦片战争，终于以武力入侵的方式打开了中国的大门。

## 秘密建储，维护安定

雍正十三年（1735年）九月，举行即位大典之时，乾隆皇帝即焚香告天："昔皇祖御极六十一年，予不敢相比，若邀穹苍眷佑，至乾隆六十年乙卯，予寿跻八十有五，即当传位皇子，归政退闲。"他的这种念头，部分原因是受儒家禅让和企图沽名思想影响，主要的目的是祈求长寿。康熙年幼便继承皇位，统治长达61年，到驾崩之时已69岁，这在清朝初年的几位帝王中已属于高寿了。而乾隆25岁才得以登基继位，60年后，将至85岁的耄耋之年。因而，尽管他在口头上表示自己不敢超过皇祖康熙在位61年之数，但就其本意而言，则是希望自己比康熙在位更久一些。可以说，登极时乾隆就已萌生这种传位思想。

秘密建储制度，对于强化皇权、稳定政局、巩固统治起了非常重要的作用。但在乾隆刚刚即位的时候，由于受传统建储观念的影响，加之缺乏政治经验，他对秘密建储制度的认识与他的父亲雍正皇帝相背甚远。在他看来，秘密建储仅仅是一种"酌权济经之道，非谓后世子孙皆当奉此以为法则也"。对于储君人选标准，他也拘泥于以前立嫡立长之旧规，并且下定决心，"必欲以嫡子承统，行先人所未行之事，邀先人所不能获之福"。因而，乾隆元年（1736年）七月刚刚实行秘密建储，他毫不犹豫地把富察氏皇后所生的皇二子颙琏内定为储君。非常不幸，乾隆三年（1738年）十月，皇二子颙琏病殁，此后不久他又想内定皇后所生之皇七子颙琮为储君。然而，事与愿违，就在他一门心思想着立嫡长子的时候，将要被立为储君的颙琮以及皇后富察氏却先后于乾隆十二年（1747年）年底和乾隆十三年（1748年）年初死去，乾隆皇帝企图以嫡长子为储君之立储计划成为泡影。与此同时，皇长子颙璜和皇三子颙璋不但“全无哀慕之忱”，甚至还有幸灾乐祸之意。乾隆皇帝对此极为不满，非常愤怒，立即严加训斥并对他们觊觎储位的非分之想予以严厉警告：“此二人断不可入继大统”“伊等若敢于朕前微露端倪，朕必照今日之旨，显揭其不孝之罪，即行正法”。经过这一事件的打击之后，乾隆吸取了教训，并且较为清醒地认识到“建储一事，亦如井田封建，固不可行于近世也”。为了防止重演前朝争储夺嫡造成的悲剧，乾隆皇帝对皇子们的控制非常严厉。

乾隆三十八年（1773年），乾隆已经63岁，建储一事不能再拖下去了。乾隆皇帝经过反复慎重考虑，决心再次秘密建储。乾隆皇帝在位已近40年，已有相当丰富的政治经验，因而，这次建储，是在秘密中进行的。在确定储君之前，乾隆皇帝没有与任何人商量建储时机和储君人选，即使建储密旨书写完并将之藏于乾清宫“正大光明”匾额之后，他也没有向诸王文武大臣宣示。一切办妥之后，时机成熟了，才将此事谕知军机大臣。建储之后，乾隆皇帝一方面利用20多年的时间长期考察储君的品质和才能；另一方面又恩威并举，进一步加强对其他皇子的控制。就施恩方面而言，乾隆的诸子在乾隆四十四年（1779年）后陆续得到了亲王、郡王、贝勒等爵位的晋封，乾隆还经常驾临各子府邸，联络感情；就施威方面而言，继续严格禁止诸子与外廷官员来往，一旦发觉，则必然对涉及人员严惩不贷。为了保证自己的建储大计顺利实施，不受传统建储观念的破坏和影响，乾隆皇帝还利用一切机会深刻地揭露和批判传统建储理论及其带来的弊病。他认为："秦汉预立太子，其后争夺废立，祸乱相寻，不可枚举"。之所以这样，在于"有太子然后有门户""盖一立太子，众见神器有属，幻起百端，弟兄既多所猜嫌，宵小且从而揣测，其懦者献媚逢迎以陷于非，其强者设机媒孽以诬其过，往往酿成祸变，遂至父子之间，慈孝双亏，家国大计，转滋罅隙"。他还不遗余力地大力批驳嫡长子继承的传统建储原则，"至于立嫡立长之说，尤非确论""纣以嫡立而丧商，若立微子之庶，商未必亡也"。据此，他断言"建储册立，非国家之福，召乱起衅，多由于此"。为能够让广大臣民尤其是让诸皇子吸取这些历史教训并引以为戒，乾隆四十八年（1783年）十月，他特命诸皇子、军机大臣、尚书房总师傅等将历代册立太子有关借鉴惩戒的事迹编成《古今储贰金鉴》一书。此外，为了使广大臣民进一步深入了解秘密建储制度的重要意义，他全面论述了秘密建储的动机和效果。关于推行这一制度的动机方面，他认为，"盖不肯显露端倪，使群情有所窥伺，此正朕善于维持爱护之深心也"。立于秘密建储的效果，他则称康熙皇帝临终时"一言而定大计"，以致雍正皇帝即位后"内外帖然"；他还以自己借建储密旨即位后"人情亦甚辑宁"为例，指出，"此即不建储之益，固天下臣民所共见共闻者也"。据此，他得出结论，"不可不立储，而尤不可显立储，最为良法美意"。为了让后世子孙牢记并且坚持这一重要制度，乾隆后期，他一再宣称，秘密建储是本朝重要"家法"，并要求"世世子孙，所当遵守而弗变”。他进一步断言，如果后世子孙不实行这一制度，恢复古制，必然会“酿成大祸”。正是由于他对秘密建储制度的反复阐述，才使得这一制度较为普遍地被统治集团中的各阶层所理解和接受。因而，尽管其皇子甚多，而且其中不少人都有觊觎储位的野心，但是一直到他退位的这几十年时间里，却始终没有发生像康、雍之际皇室内部为了争夺皇位发生骨肉相残的情况，从而也巩固了乾隆皇帝的最高统治地位，最终乾隆一朝没有受到威胁。就是在这样的情况下，乾隆皇帝85岁高龄之际，举行了传位大典，过起了太上皇的生活。

乾隆六十年（1795年），他的健康情况每况愈下。当年九月初三，他向全国臣民宣布了乾隆三十八年（1773年）写的建储密旨，立皇十五子颙琰为皇太子并决定在次年新正举行传位大典。嘉庆元年（1796年）正月元日，上至内外王公贵族下至文武百官与外藩使臣咸集太和殿，按班序列，恭候乾隆乘舆至殿内升坐。这时，鼓乐齐鸣，宣表官员跪宣传位诏书，皇太子以下所有官员皆跪伏殿内恭听。而后，大学士二人引导皇太子至乾隆皇帝御坐前俯伏跪地，让乾隆皇帝亲授“皇帝之宝”。最后，嗣皇帝率领群臣再向乾隆皇帝行九叩大礼，恭送已经成为太上皇的乾隆皇帝起驾还宫，嘉庆皇帝则御殿登极，接受文武百官朝贺。至此，传位大典完成，乾隆皇帝的太上皇生活开始了。

雍正皇帝所实行的秘密建储制度，虽在一定程度上抑制了宫廷内部斗争，但被指定的嗣君能不能在皇帝去世之后顺利即位，却仍需视其托付是否得人。也就是说，大臣在很大程度上仍然决定着嗣君之废立，建储中仍然存在着漏洞。乾隆生前自行传位，使得秘密建储制度得到重要补充和发展，它一方面使得自己的建储计划能够顺利实现；另一方面在传位过程中“明颁诏旨，亲御殿廷，付托神器”，也有效地把大臣、女宠和宦官这些能够借机怙宠擅权以影响建储的权力集团排除在决定储君的决策圈之外，在维护社会安定方面也起到了重要作用。在当时的历史条件下，通过传位这种方式来实现最高权力过渡还是比较可取的。

秦汉以后，称为太上皇者虽不乏其人，且位置也非常显赫，但再也没有临政治民之实权。乾隆皇帝殚精竭虑地经营了60年，在宣布传位的时候，即决定“军国大事及用人行政诸大端”这些权中之权，“岂能置之不问”，只是把各种祭祀和礼仪这些无关大局的活动交给嗣皇帝办理，而且他自己也年事已高，没有精力做这些事情了。军机大臣根据他的命令拟定的传位事宜中，太上皇帝所享有的礼仪规格和所拥有的实际权力都远远地超出嗣皇帝之上，太上皇帝还是自称为“朕”，太上皇帝谕旨仍称为“敕旨”，题“奏行文遇太上皇帝”字样，高三格抬写，嗣皇帝则只能高二格抬写；太上皇帝生辰称万万寿，嗣皇帝生辰称万寿；文武大员进京陛见以及新授道府以上官员离京赴任，皆须具折恭请太上皇帝恩训。而嗣皇帝拥有的权力少得可怜，不过是按期举行祭祀以及经筵、耕籍、大阅、传胪等礼仪活动而已，即使这些活动还要向太上皇帝奏闻，然后才能举行。乾隆自己曾说：“朕虽归政，大事还是我办。”可见乾隆传位并非退位，只是形式变了，变亲政为“训政”而已。

在筹备传位事宜的过程中，尽管乾隆已为自己保留了极大的权力，然而大典举行后的实际活动中，又推翻了传位时所作出的许多承诺。其一，早在乾隆三十七年（1772年）时他就下令修葺宁寿宫，并想把其作为他退位后颐养天年的地方，然而大典之后他却背弃所作出的承诺，不愿搬出养心殿，“子皇帝初登大宝，用人理政，尚当时加训诲，何忍即移居宁寿宫，效宋高之自图安逸耶”。这样，已经即位的嘉庆只好仍在毓庆宫；其二，嘉庆改元，全国上下都应该统一使用新历，但是，大臣纷纷以“一体循用新朝，于心实有所未安”为理由，而呈请在宫内还是实行乾隆纪年时，他却立即同意，并将臣下恭进之乾隆六十一年新历“颁赏内廷皇子、皇孙及曾、玄辈并亲近王大臣等，俾得遂其爱戴之忱”。即使到太上皇去世，宫中仍然使用乾隆年号；其三，嘉庆改元，京中宝泉、宝源二局以及各省铸钱机构自当改铸嘉庆通宝，但是，为了表示对乾隆的尊重，“乾隆、嘉庆年号各半分铸”。对此，乾隆竟也一概表示赞同；其四，传位之际，乾隆曾经承诺让嗣皇帝处理各部衙门和各省题奏本章，但是归政后，除了把一些无关紧要的题本让嘉庆批答之外，批答奏折、任免官员的大权一直牢牢攥在手里。嘉庆元年（1796年）时，乾隆说：“自揣精神强固，又曷敢自耽逸豫，遂自谓闲人。是以至今每日披览章奏，于察吏勤民之事，随时训示子皇帝。”他死前数月，虽然眼力已经大不如前，“然披阅章奏及一切文字未尝稍懈”。

不过，和训政前比，由于大部分礼仪活动已让嘉庆举行，乾隆肩上的担子还是大有减轻。处理要务之后，有较多的空闲时间。乾隆有时独自一人长时间静坐沉思，经常回忆起自己的童年生活：如何一字不遗地在父亲面前背诵经书，祖父如何开枪打死正向自己疯狂扑来的大熊，又是如何夸奖自己和自己的母亲，一切都像在昨天一样，难以忘怀。

乘凉每爱倚长松，无碍翻来天籁重。

坐久不知时与刻，芃楼遥报午时钟。

寅岁随来侍宴辰，分明一瞬七旬踆。

命皇妣领圣母觐，恩谕曾称有福人。

除了常常回忆童年生活外，他偶尔也会想一想将来。嘉庆三年（1798年）春，乾隆玄孙载锡成婚。乾隆非常希望他来年生子，好使自己在玄孙之外再见来孙。此外，乾隆已经是88岁高龄，他也很希望还能活上12年，这样在年龄上就能超过历代的任何帝王，开创一个新纪录。嘉庆三年（1798年）八月，他写了一首诗，表明自己的这种心绪：

仰望如霄上，俯临欣目前。

一身亲七代，百岁待旬年。

愿谓无者勉，喜瞻来者连。

自谓不知足，又愿庶应然。

除此之外，他还对后事做了一些安排。首先是修葺陵寝，选址于东陵水峪。乾隆初年（1736年），他的陵寝就基本上建造完毕。传位之后，再次下令重新加以修葺。同时考虑到清陵散在易州、遵化两地，自己建陵遵化，西陵将因此而致冷落。鉴于这种情况，特别规定，后世子孙建造陵寝时，应“各依昭穆次序叠分东西，一脉相联，不致递推递远”。另外，关于丧礼，他明确要求只需依照历代帝王先例，以日易月，二十七日除服和百日之内不剃发，而不得仿行古礼，行三年之丧。关于身后谥典，他规定只能谥之为“宗”，而不得谥之为“祖”。总之，在他当上太上皇的三年时间里，凡是官员任免、军务布置、政治举措、河工建设、蠲赈事宜，乾隆皇帝无不亲自操办。

# 第八章

# 人才济济，良臣云集

清朝是依靠强大的军事力量统一全国的，但是治理天下需要的是知识分子，为了维护国运的长久，清朝政府大量起用各族人才，不仅巩固了清朝的统治，并且把它推向了繁荣的盛世阶段。

## 康熙仁政，清官遍地

康熙的仁政，措施之一是惩办贪官、表彰清官。清官是康熙帝的一面旗帜。康熙朝最著名的清官于成龙，有个绰号叫“于青菜”，就是因为他虽贵为封疆大吏，却常年不吃肉，只吃青菜。

于成龙，山西永宁（今山西省离石市）人（康熙时还有一位于成龙，汉军镶黄旗人），先任广西罗城县知县，当时已经45岁。罗城位于万山之中，历经战乱，没有城郭，遍地榛莽，县衙是茅屋三间，居民仅有6家。于成龙到任后，召集流民，鼓励耕耘，设养济院，宽免徭役，兴建学官，县境大治。史书说他“居罗七年，与民相爱，如家人父子”。于成龙升任合州知州，前往赴任时，百姓倾城出动，痛哭号泣相送。有一位瞎子不肯离去，于成龙问他为什么不走，他回答说：“我想您路上盘缠不够，我会算卦，可以沿途赚点钱，以备不足之用。”

于成龙很感动，就把他留下来。果然途中钱花光了，幸亏瞎子赚些算命钱补充路费才到了合州。在合州，于成龙很有政绩，又迁黄冈。黄冈社会治安很乱，他装成乞丐，深入罪犯巢穴，日夜杂处，探明实情，一举端掉贼窝。后又任黄州知府，再升任福建布政使。时清军平定三藩之乱，军中多掠良民子女为奴，他集资赎出被掠妇女放还。康熙十九年（1680

年），于成龙升为直隶巡抚。上任后，严戒馈送长官。又升两江总督。他自奉俭约，每天就是粗米、青菜，终年不知肉味，江南人称呼他为“于青菜”。在他的带动下，士绅们改绸缎为布衣，官宦出门轻车简从。仅仅数月，朴素之风大为流行。他过于劳累，死在任上。于成龙做官，不带家眷，十分俭朴。死后，将军、都统、官吏、友人到他家中一看，“惟笥中绨袍一袭，床头盐豉数器而已”。就是说，于成龙的家中只有竹筐里粗糙纺织品制作的一身袍子和床头几罐食盐、豆豉而已。为追悼于成龙，市民罢市，聚哭致哀，百姓家挂他的画像祭祀。康熙说：“朕博采舆评，咸称于成龙实天下廉吏第一！”

格尔古德，满洲镶蓝旗人，笔帖式（即文书、翻译）出身，后升翰林院侍读学士，任日讲起居注官。康熙二十一年（1682年），任直隶巡抚。上任前，康熙帝告诫他说：“你上任后不要急于求名，而要踏实做事；或遭愤恨报复，定要特别小心。”当时京畿地区，旗人与民人杂处；旗下的庄田，有王公大臣的庄田，有贵族豪绅的庄田。庄田设庄头，像《红楼梦》里的庄头乌进孝那样，管理庄田，负责收租，为害一庄。还有投充旗下的人，依靠主子，逃避差徭，诈害良民，无恶不作。自康熙初，鳌拜专权，大学士管户部尚书苏纳海、直隶总督朱昌祚、巡抚王登联因触犯满洲权贵利益而遭杀害后，几乎没有人敢对这个敏感的问题上疏指陈。格尔古德上任不久，亲自访察，提出问题，疏陈：“自己卖身投靠旗下之人，有的作奸犯科，想逃脱法网；有的游手好闲，逃避差役。这些人，放债牟利，则讳旗称民；遇上官司，又合民称旗。他们诈害良民，官府不敢过问，应当加以严厉议处。”格尔古德得到康熙帝的有力支持，然而，事情并不那么简单。当时，大学士明珠权势倾朝，他的属下要圈百姓的坟地，民人投诉到户部。户部将诉状转直隶巡抚，格尔古德令宛平县核查。知县怕得罪权相明珠，报称“无碍民坟”。格尔古德不畏权相，上疏劾奏明珠属下“圈占坟地属实”，并请吏部问知县的罪。格尔古德敢于碰权相，敢于碰勋贵，秉承上旨，执法严惩，被时人誉为“铁面巡抚”。格尔古德居官，布衣蔬食，廉洁自律，不畏权贵，拒纳馈送。康熙帝命朝廷大臣公举清廉官吏，格尔古德被列为第一。

彭鹏，福建莆田人，幼年聪慧，乡试中举。三藩之乱起时，他装疯不从。平定三藩之后，任三河县知县。三河在京东，旗民杂处，号称难治。有人冒称自己是给皇帝放鹰的，到县里敲诈勒索，作恶多端。彭鹏经过侦访，查明其真实身份，逮捕并鞭刑严惩。有人偷盗，彭鹏闻警，立即佩刀乘马，急疾追捕。康熙帝巡视京畿，知道彭鹏清廉，在接见他时，赐给他内库府金三百，并说：“知道你清正，不接受百姓的钱，这些钱给你养廉！”后调升彭鹏为科道。彭鹏受命到陕西、山西、河南了解民情、赈济灾荒。他疏报：“泾阳知县刘桂克扣籽粒，猗氏知县李澍杖杀灾民，磁州知州滥派运费，南阳知县暧昧分肥等。”康熙下诏三省巡抚察审，奏报没有查实。在当时，当事人因受到关系网的保护，要核实一个贪污案件，是十分困难的。康熙帝又派他做顺天府尹。彭鹏疏劾顺天乡试举人李仙湄的考卷墨迹删改过多，考官徐倬、彭殿元徇私欺蒙，疏语中说：“臣如妄言，请劈臣头，半悬国门，半悬顺天府学。”九卿等召开会议，认为他语言不敬，应当罢官。康熙帝命考官徐倬、彭殿元退休，而对彭鹏不问。彭鹏为官，拒馈赠，清操守，是康熙朝著名的清官。

张伯行，河南仪封人，进士出身。中进士后，买各地大儒的图书，口诵手抄，整整七年。他说：“君子喻于义，小人喻于利。”以学问清醇、志操洁肃自励。做官后，家乡河堤崩溃，自己出钱招募民工运土塞堤。任山东济宁道，遇上饥荒，从河南家里运送钱米，并缝制棉衣，给灾民充饥御寒。任江苏巡抚，发现总督噶礼贪婪。江南乡试作弊，生员哗然，抬着财神像到学官，影响很大。张伯行调查，此案同总督噶礼有关，便上疏朝廷。康熙命尚书张鹏翮等调查，查证作弊之事同噶礼有关，噶礼便弹劾张伯行。康熙命再调查，结果是噶礼被诬告，张伯行应当罢官。康熙命第三次复查，结论同前一样。康熙说三次查证都是非颠倒，命“再议”。其实，康熙已经通过密折对噶礼和张伯行都进行了了解。康熙知道张伯行是清官，应当加以保全，著免噶礼官，由张伯行任总督。

康熙帝表彰清官，一则是为大小官员树立榜样，养成一代清廉的吏风；二则是借清官监督、揭发、打击贪官；三则是派几位好官，为百姓做点好事；四则是推行“仁爱”理念，为自己博得仁政的名声。但是，清官往往为上级所不喜欢，也普遍为同僚所不喜欢。清官必遭贪官的嫉恨，也必遭贪官的报复。前述于成龙、格尔古德、彭鹏、张伯行等无一例外。然而，康熙帝之所以仁明，在于他能明察是非曲直，而不使廉吏灰心，能信任并保全清官，而遏制贪风日长。

# 青史留名，纪大烟袋

根据历史记载，自纪晓岚上推七世，纪氏家族多读书人。祖先纪坤，虽然科举不顺，却很有诗名，著有诗集《花王阁剩稿》。纪晓岚的曾祖父纪钰，有幸进入太学，才学受到过皇帝褒奖。而纪晓岚的祖父纪天申做过县丞，其父纪容舒，康熙五十二年（1713年）恩科举人，历任户部、刑部属官，外放云南姚安知府，为政有贤声，而且写文章很有一套，尤其擅长考据之学，著有《唐韵考》《杜律疏》《玉台新咏考异》等书，死前还留下了“贫莫断书香”的遗训。

纪晓岚画像

纪晓岚就出生在这样一个书香门第的家庭，为纪容舒次子。雍正二年（1724年）六月十五日午时，纪天申饭后到书房一边翻书一边休息，不久就睡着了。梦中，他看到一只猴子从窗户钻进来，对什么都不感兴趣，却到书橱翻阅书本，翻完一本扔一本，不久儿橱书就被它翻了个遍。忽然，它发现纪天申的手上还拿着一卷书，就蹿上来抢夺。纪天申一惊便醒来了，手中的书也掉在了地上。恰在这时，一名仆人来报，儿子纪容舒刚刚得了一位少爷。这个刚降生的男孩，便是纪天申的第五个孙子纪晓岚。

据说，纪晓岚小时候精力充沛，睡眠很少，喜欢玩耍，也喜欢听大人们讲故事。爷爷纪天申很宠爱他，常常给他讲各种有趣的故事，逗他开心。也许，正是这些故事开启了纪晓岚智慧的一生。

儿时的纪晓岚就显现出了超越同龄人的智慧。一次，他和几个孩子在街上玩球，刚好遇到官轿经过，顽皮的小孩子不小心将球掷进了轿内。正当一群小儿面面相觑，不知如何是好之时，纪晓岚自告奋勇，独自一人壮着胆子上前讨球。

轿子里的官员，见是个孩童，便存心想戏弄一下他，于是出了一个上联，说如果他对得出下联就把球还给他，否则就不还了。他的上联是："童子六七人，惟汝狡。"

纪晓岚略一寻思，便道："太守二千石，独公……"话未说完，却忽然沉默了。官员很好奇，催他讲完，谁知纪晓岚却说："你要是还我球，就是独公廉，要是不还的话，就是独公贪。"官员先是一愣，接着哈哈大笑，把球还给了他，暗自惊奇于这个孩子的聪慧，料他日后必大有作为。

这个官员所料不错，乾隆十二年（1747年）丁卯科，纪晓岚应顺天府乡试，以第一名解元夺魁。喜讯传来时，合家欢腾，纪晓岚本人反而异常平静，亲自置办厚礼酬谢老师。乾隆甲戌殿试以后，纪晓岚以文学出众，被授为翰林院庶吉士。乾隆二十八年（1763年）仲春，纪晓岚又被任命为福建省提督学政，而此时他刚过不惑之年。

纪晓岚是名副其实的才子，而且是具备领导才能的才子。他一生的成就主要体现在两件事上，即主持科举和领导编修。“浮沉宦海同鸥鸟，生死书丛似蠹鱼”，着实是他一生的真实写照。

过人的眼力是纪晓岚成功主持科举的重要因素。传说，在纪晓岚以福建督学之职担任会试考官时，乾隆曾冒充考生参加考试，由于做事隐秘，三场下来竟无人发现。后来，纪晓岚在阅卷时，发现一篇文章笔力非凡，就向乾隆推荐了这个考生。乾隆一看考卷，发现正是自己所答，不禁暗赞纪晓岚的眼光。但为了掩饰此事，他拒绝了纪晓岚的推荐，纪晓岚几次上疏，都不予答复。乾隆一朝，纪晓岚共担任过8次主考官，为朝廷选出了众多优秀的治国之才，不能不说他是清朝的一大功臣。

主持编修是一项浩大而烦琐的工作，常人难以胜任，纪晓岚在这方面可谓劳苦功高。尤其是乾隆二十八年（1763年）开始的《四库全书》的编纂工作，其规模之庞大，可以称得上是“前无古人，后无来者”。这项浩大的工程，不仅是纪晓岚毕生的主要成就，也是乾隆皇帝的成就之一，更是整个中国文化史上不可磨灭的一大功绩。

纪晓岚组织了360余名编纂官，对底本图书进行甄别比对，将其分为应刻、应抄、应存三种，其中前两种要全文抄入《四库全书》，而后者只存书目。若有不同版本，则要进行比对，选择质量最好者作为底本，然后还要对底本进行初步的点校和修改，并交给总纂官审阅，合格后交由乾隆御览。通过这些程序的书籍，即可被抄录入《四库全书》。抄录者最初由官员保举，后来则从不第秀才中挑选字迹工整者录用。这些人需要每日抄写千字，工作5年，共计180万字。工作完成后，根据质量和数量分别授予不同的官职；但若有字体不工整者，记过并罚多写万字。据统计，先后共有3800余人被录用，平均每天都有600人参与抄写工作。最后，抄录好的《四库全书》还要在总校官的安排之下，经过分校官和复校官的校对，再经总裁官抽查，才能最终装订成书。

经过十年的编纂，《四库全书》终于陆续编订完成。以纪晓岚为首的四库全书馆群臣们为此付出了大量的心血。由于乾隆生性好大喜功，动辄对《四库全书》的编纂指手画脚，如此大的工程全靠人力完成，难免会有疏漏，此外，再加上乾隆对文字的挑剔，纪晓岚等人不免被屡屡申斥甚至得咎。总纂官之一的陆锡熊在奉命去沈阳校对的路上病逝，总校官陆费墀也因为被乾隆申斥郁郁而终，死后甚至还被抄没家产。纪晓岚虽然受到乾隆的恩宠，幸免于难，但他一生只为《四库全书》。

编订好的《四库全书》共抄写了七部，乾隆仿效著名藏书楼天一阁的形制，建造了七处楼阁以存放《四库全书》：它们是故宫文渊阁、圆明园文源阁、沈阳故宫文溯阁、承德避暑山庄文津阁、镇江金山文宗阁、扬州文汇阁、杭州西湖行宫文澜阁。如今存世的仅有文渊阁本、文溯阁本和文津阁本，另有文澜阁本部分存世。

平心而论，在《四库全书》的修订过程中，重新发现并整理了不少孤本和善本，此外还保存了从《永乐大典》中辑佚的将近400种书籍。此外，《四库全书》开启了“乾嘉学派”重考据的学风，对国学的继承和发扬有重大的影响。但是，乾隆利用编纂《四库全书》，大兴文字狱，篡改传统文化，实行愚民统治的用心也是显而易见的。尽管他曾经表示不会利用民间献书大兴文字狱，但这根本就是一句空话。著名的“王锡侯字贯”

案只是数十起文字狱中较为人所知的一件。此外，在编纂《四库全书》的过程中，大量被乾隆视为“违逆”的书籍都被焚毁，据统计竟有3000种之多；而幸存下来被录入四库全书的书籍，也按照乾隆的意愿被修改得面目全非。

主持编修的工作也许枯燥无味，但纪晓岚本身却是一个趣味十足的文人，利用闲暇之余，自著了文言短篇志怪小说《阅微草堂笔记》，可惜这部小说原稿已遗失，虽然作者凭记忆重新写过，但仍不免有很多疏漏。鲁迅在《中国小说史略》中曾说：“惟纪昀本长文笔，多见秘书，又襟怀夷旷，故凡测鬼神之情状，发人间之幽微，托狐鬼以抒己见者，隽思妙语，时足解颐；间杂考辨，亦有灼见。叙述复雍容淡雅，天趣盎然，故后来无人能夺其席，固非仅借位高望重以传者矣。”鲁迅对这部小说给予如此高的评价，足见纪晓岚的文笔之妙和才华之盛。

纪晓岚不仅文名远播，也极富政治才能，只可惜他文名太盛，政治上的成就反而被文才掩盖了。

纪家祖上曾经遭遇过动乱，家业受到过沉重打击，直至纪晓岚的父亲这一代才开始复兴。纪晓岚从小耳濡目染社会的重重矛盾，所以他为官之后特别注重疏导民情，主张因势利导，避免矛盾过分激化导致社会动乱。如他自己所说：“教民之道，因其势而行之易，拂其势而行之难。”

乾隆五十七年（1792年），京城附近遭遇大涝，饥民激增，盗贼蜂起，一时间京城拥进了大批求食的饥民，积压已久的社会矛盾大有一触即发之势。纪晓岚得知后，立即上表陈情，剖析利害，劝导朝廷截留南漕万石官粮以赈灾。这个措施来得及时有效，饥民得到粮食后很快离开京城，一场危机化解于无形之中。纪晓岚的这一善政，解救了千千万万的饥民，使他们摆脱了死亡的阴影，也免去了一场有损国势的动乱，稳定了民心。

正如每个由盛转衰的王朝一样，当时的清王朝也存在很多尖锐的社会矛盾，只不过大多数人都被所谓的“盛世”光景所迷惑，不去相信也不愿相信它们的存在而已。而纪晓岚的过人之处就在于，他能够敏锐而深刻地洞察到这些矛盾，并且想方设法地去疏导、缓解，这实在是为政之人的一种可贵品质。

嘉庆十年（1805年），纪晓岚逝世，享年82岁，谥号“文达”。嘉庆皇帝御赐碑文“敏而好学可为文，授之以政无不达”，用以褒奖他才政双绝的一生。

## 太子太保，“罗锅”刘墉

刘墉，康熙五十八年（1719年）出生于山东省高密县逄戈庄（原属诸城），字崇如，号石庵，另有香岩、穆庵、溟华、青原、东武、日观峰道人等字号，为清代名重一时的书画家、政治家，祖籍江苏徐州丰县。

1958年，刘墉墓被挖开，就其尸骨而言，一米九左右。但是为什么刘墉会被称为“刘罗锅”呢？原来在嘉庆时期，刘墉已经是八十岁上下的老人了，一米九左右的身高，加上长年累月的读书做官，自然会略显背驼。

要知道自隋唐科举制创立，取士通常有“身、言、书、判”四大标准，只有仪表端庄了，才能不辱没官府威严，刘墉正甲出生，自然不会是一个驼子。

刘墉所在的刘氏家族，在诸城是典型的名门望族，家族中很多人通过科举考试出仕做官。自曾祖父刘必显始至刘墉，刘家先后有七进士、二十四举人，官至知县以上者比比皆是。在顺治年间，刘墉的曾祖父刘必显进士及第，官至员外郎；在康熙朝时，刘墉的祖父刘棨官至四川布政使，为官清正严明；而刘墉的父亲刘统勋更是做了东阁大学士兼军机大臣，连乾隆皇帝也盛赞道：“遇事既神敏，秉性复刚劲，得古大臣风，终身不失正。”

如此，刘墉得以接受到良好的教育，博览群书、学识渊博，然而，他的仕途却并非一帆风顺。乾隆十六年（1751年），刘墉已33岁，靠着父亲的关系，刘墉以恩荫举人身份参加了会试和殿试。此次参试，刘墉殿试时名列第一，不过，乾隆皇帝为表明不拘一格选人才，专门提拔了出身寒素的吴姓考生居榜首。刘墉一举获得了进士出身，旋而改翰林院庶吉士。处在这个位置上，刘墉只需要在庶常馆学习深造，便可以在不久后授翰林院编修。这个官职虽然俸禄不高，却是前途无量，刘墉的仕途获得了一个好的开局。

乾隆二十年（1755年），刘墉之父刘统勋获罪，刘墉遭到了连坐，兄弟叔长都被革职。次年，刘墉被外放做了地方官，此后二十年时间，一直没有回到京师为官。乾隆二十二年（1757年），刘统勋重新得到重用，乾隆派遣他到山西查办布政使蒋洲侵帑案，两年之后，刘统勋又到山西查办过将军保德侵帑案，声誉颇佳。刘墉的为政环境得到了极大改善，然而就在这一段时间，前任山西阳曲县知县段成功亏空案发，刘墉获失察罪，差点一命呜呼，朝廷开恩，刘墉才得以幸免于难。

刘墉为官，正直干练、雷厉风行，大力改革科场积弊、官场恶习，百姓深受其惠。为此，百姓很感激他，《诸城县志》对其赞道："砥砺风节，正身率属，自为学政知府时，即谢绝馈贿，一介不取，遇事敢为，无所顾忌，所至官吏望风畏之。"刘墉做提督安徽学政和提督江苏学政之时，乾隆帝对他寄予厚望，特别赠诗"海岱高门第，瀛洲新翰林"，以资勉励。刘墉幸不辱命，在为官期间成绩突出，是故，清人在书中记载："昔日刘石庵相国视学江苏，严肃峻厉，人多畏惮。"

乾隆三十四年（1769年），刘墉51岁，因为其父亲被皇帝倚仗为股肱之臣，刘墉遂获授江宁知府，此后"颇以清介持躬，名播海内，妇人女子无不服其品谊，至以包孝肃比之"。著名诗人袁枚也因为刘墉之功绩而称赞道："初闻领丹阳，官吏齐短脰，光风吹一年，欢风极老幼。先声将人夺，苦志将人救。抗上耸强肩，覆下纡缓袖。"四年之后，刘统勋病故，依照惯例，刘

刘墉画像

墉辞官回家守丧三年，还京之日，诏授内阁学士，南书房任职，同时兼领《四库全书》馆副总裁。次年，刘墉复任江苏学政。因为政绩卓著，很快升迁户部右侍郎、吏部右侍郎。乾隆皇帝开始器重和赏识刘墉。

在民间获得了好名声，给乾隆也留下了好印象，刘墉此后的仕途开始顺畅起来，至乾隆四十五年（1780年），刘墉被封为湖南巡抚，雄踞一方。《清史列传》对刘墉这一阶段的表现记述道："在任年余，盘查仓库，勘修城垣，革除坐省家人陋习，抚恤武冈等州县灾民，至筹办仓谷，开采峒硝，俱察例奏请，奉旨允行。"

两年之后，刘墉奉调入京出任左都御史，于南书房行走。然而刘墉一上任，便遇到了一件极为棘手的案子：御史钱沣参劾山东巡抚国泰索贿舞弊，以为乾隆纳贡之名义，致使许多州县财政亏空。乾隆遂派遣当时炙手可热的和珅与刘墉一起查这件案子。由于国泰身份显赫，是满洲镶白旗人，同时也是皇妃的伯父，加上和珅和国泰的关系非同一般，有和珅从中作梗，刘墉查案步步艰难。钱泳《履园丛话》中记载，"刘墉守正不阿，不畏权贵，最终将案情查得水落石出，国泰被迫畏罪自杀，民间大为称颂，盛赞他是当世包公。"

然而，此后的和珅对刘墉更加步步紧逼，刘墉只能选择明哲保身，"委蛇其间，惟以滑稽悦容其间"。此后，刘墉开始频频出错，以致乾隆皇帝也略有不满，刘墉还因为泄露了自己和乾隆的谈话，而失去了本应获授的大学士一职。

乾隆五十四年（1789年）春，刘墉为协办大学士、上书房总管，因为阴雨连天，连续七天没有人值班。乾隆皇帝特下谕旨，认为刘墉为官纯属应付，于国为不忠，于父为不孝，实不宜宽恕。刘墉遭到责罚，降为侍郎，不再兼职南书房。四年之后，刘墉主持会考，但却安排不当、阅卷草率，差点就罚他俸禄十年，刘墉最终被“严行申斥”。

刘墉在地方上独当一面，到了京师却唯唯诺诺，为了暂避和珅的锋芒，刘墉选择了明哲保身、圆滑取容的处世方法。为人的棱角、做事的勤勉遂荡然无存，滑稽和世故的刘墉就此产生。嘉庆元年（1796年），皇帝开始选举空缺多时的大学士一职，然而资历最深的刘墉却并没有中选，反而户部尚书董诰被破格增补为大学士。

这时候，乾隆尚为太上皇，嘉庆虽然为皇帝，但核心权力依然掌握在乾隆的手中，所以原本想要重用刘墉、打击和珅的嘉庆，只能批评刘墉“向来不肯实心任事”。后来的事实证明，这不过是刘墉和嘉庆合力出演的一个以退为进之计。

果然，第二年刘墉便升任体仁阁大学士，为了让乾隆、和珅等人安心，嘉庆假意责备刘墉“行走颇懒”，又说“兹以无人，擢升此任”。

乾隆一死，和珅受到抄家灭族的惩罚，而刘墉在得到重用之后，也全力打击和珅。和珅倒台之后，刘墉的生活渐趋平静，嘉庆六年（1801年），充任会典馆正总裁。次年，嘉庆皇上驾幸热河，刘墉老当益壮，留京主持朝政。

刘墉不仅是乾嘉时期的名臣，更是有清一代最著名的书法家。其书法既有钟繇、王羲之、颜真卿的中正法度，又深得魏晋小楷风骨神韵。康有为称其字初看圆润厚重，细审则骨脉分明，柔中带刚，至今《清爱堂帖》等书法珍品还流传于世。

嘉庆九年（1804年）十二月二十五日，刘墉在北京驴市胡同家中逝世，享年86岁。朝廷追赠太子太保，谥号“文清”，入祀贤良祠。嘉庆特许他叶落归根，葬在今山东省高密市方市乡白家庄。

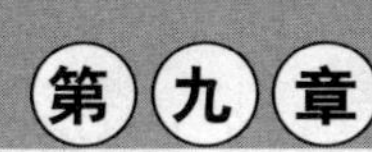

# 第九章 盛世显赫，空前辉煌

清代的康乾盛世，是中国封建社会最后的一道辉煌，它以超越前代的光芒照亮了18世纪的中国，思想文化遍地开花，经济繁荣发展。

## 西学东渐，天文地理

我国古代的历朝历代的政府都非常重视历法的修订和颁行，在天文历法方面也曾出现过多次相关的变革和更新。元代以前的700多年里，中国一直沿用南北朝时期科学家祖冲之创制的《大明历》，但是其误差太大，给人们的生活带来很多不便。于是在元世祖时期，郭守敬接受修订新历法的任务，耗时三年左右的时间编制完成《授时历》。《授时历》中的计时方式在明代通行的《大统历》中得到沿用。

但是由于《授时历》沿用的时间过于久远，所以当时《大统历》的误差还是很大。据历史记载，明代钦天在利用此种历法预报日月食等天象时，常常出现预测不准的情况，这直接影响到了农时的安排和农业生产的结果，进而直接关系到国家的安定和人民的生活。但是由于明朝政府找不到精通天文测算的人才负责修改历法的工作，所以这项工作虽然一直牵动政府的心，但一直未能确切地着手进行。

到了明朝末年，伴随着西学东渐的热潮，出现了一些热衷于西方天文知识的士大夫，如徐光启、李之藻等。他们和利玛窦等耶稣会的传教士来往密切，能接触到当时比较先进的知识和技术。

后来徐光启等人向皇帝引荐了利玛窦等人，并提出修订新历的建议，获得了皇上的认可。于是他们又诚心邀请到了当时一些擅长天文的传教士，如熊三拔、庞迪我、邓玉函、汤若望等人，共同组建了修历局，应用、借鉴西方知识，用近10年的心血共同编写完成了《崇祯历书》。此书规模宏大，涵盖天文学基本理论、天文表、必需的数学知识、天文仪器使用以及中西度量单位换算表等多方面的内容，在当时影响巨大。

但是，参与编著此书的人后来认为这个历法还有改进的空间，希望再次实现历法的变革，便利用自己的业余时间在《崇祯历书》的基础上做了精进，并于明末写成了《时宪历》。

在清军入关后，汤若望向当时的统治者提出了改进历法的建议，实际上是想让清廷颁行《时宪历》，但是并未被采纳。

顺治元年八月初一（1644年9月1日），发生日食，顺治帝命令大学士冯铨和汤若望对此天象进行观测，并亲自带领修历局的众多监生官员前去观望。当日，冯铨和汤若望携带望远镜等天文仪器，和皇帝、百官一齐赶赴观象台进行观测试验。在此之前，他们二人已经利用更先进的西洋新法，对日食的初亏、食甚、复圆时间进行了预先的演算。结果实际情况与预计的时刻分秒不差，就连日食的方位也差值甚微。当场，顺治皇帝还让人用《大统历》对日食进行了类似的演算，结果和实际情况有很大的误差。

经过这番比较，清廷便下定决心采用西方历法，命汤若望着手历法修订。顺治二年（1645年），颁布了汤若望制定的《时宪历》，并封汤若望为钦天监监正，负责相关方面的事务。

《时宪历》的完成是我国历法史上第五次，也是最后一次大变革。编著者在保留旧历结构的基础上，采纳了西洋法数的计算方式。和历代的历法书籍比起来，这本书有以下几点创新：

第一，《时宪历》在比较科学的宇宙理论基础之上建立了自己的天文计算方法。我国的传统历法往往偏重计算而轻视理论，在天文理论建设方面缺乏重视和自觉。在这种思想的影响下，前四次的历法变革，也主要集中在数据和计算公式的修改上。相较之下，《时宪历》自觉地立论于丹麦天文学家第谷·布拉赫的天体运行论进行演绎，是一种比较大胆和创新的做法。天体运行论虽然落后于哥白尼的日心地动说，但从历法的角度分析，这个理论对天体运行规律的解析，要比我国传统的宇宙模型更具合理性和科学性。

第二，《时宪历》充全采用了欧洲几何学的计算系统来完善自身的计算方法，还引进了球向三角学、经度、纬度、时差等新的科学名词。此外还把周天分成三百六十度，将进位制从百位制改为六十位制，在计时方法上采用二十四小时九十六刻的单位，以此来区别于我国传统历法所用的内插法经验公式的代数学体系。

第三，《时宪历》不再把全年分成二十四份，而是采用定气注历制度，以太阳在黄道上实际移动的位置作标准来判明节气，从而废除了我国传统历法所使用的“恒气”注历制度。依靠这种注历制度做出的节气安排更贴合太阳的运动规律，也更利于农事活动的安排。

综合这三点，我国的天文历法当时已经踏入了近代科学的领域。《时宪历》的颁行还标志着我国已经吸收了欧洲古典天文学的精华，这对我国古代天文学的发展和农业生产活动都产生了直接或间接的影响。

可是，任何领域的新旧更替都免不了受到守旧势力的阻碍。新历法的颁布受到守旧派的反对抵制也是不可避免的事。

康熙帝早年间，鳌拜凭借卓绝功勋充任辅佐大臣，并趁机操握权柄，结党营私。在鳌拜摄政期间，他所代表的守旧派和当时的新历法派之间就发生了一场激烈的历法战争。在这场战争中，新历派受到守旧派的打压，其代表人物汤若望深陷囹圄，《时宪历》也因此一度停用。

后来，鳌拜集团被清除，康熙亲政。然后命人实测，得出西方历法更科学，汤若望等人的案件才得以昭雪，《时宪历》也获得继续推行的机会。此后，康熙重用汤若望的后人南怀仁，命其遵照欧洲的先进方法和度量衡制度，主持建造天文仪器。最后，南怀仁不负圣恩，制成黄道经纬仪、赤道经纬仪、地平经纬仪、天体仪、纪限仪等精密仪器，并用这些新制仪器装备了京城观象台。此后，钦天监在进行测算时，大多是利用这些新仪器来进行的。

除了《时宪历》，清代民间的天文活动也很活跃，主要的代表人物有王锡阐。他的《晓庵新法》和《五星行度解》博得同时代学者如顾炎武、梅文鼎的高度赞扬。

清代的其他重要天文著作，如《历象考成》和《历象考成后编》，也是在耶稣会传教士的参与下完成的。特别是钦天监编纂的《历象考成后编》从理论到计算方法，已经废止了第谷·布拉赫的天体运行说，新采用了牛顿测定的数据和地心系的椭圆运动理论。

法国传教士蒋友仁在乾隆二十五年（1760年）时，向皇帝进献《坤舆全图》，有意愿向我国介绍开普勒的行星运动三定律和哥白尼的日心说，但朝廷上的文武百官对其丝毫不感兴趣，更有甚者嗤之以鼻。当时的一些学者同样不够重视新的科学，像阮元这样的著名学者也会认为哥白尼“为说至于上下易位，动静倒置，则离经叛道，不可为训，固未有若是甚焉者也”。

总的来说，我国的天文历法在世界上是具有相当高的水准，清时的天文历法的总体发展状况也十分值得后人赞叹。

清时天文历法的精进革新与西方传教士的关系密不可分，缺少了他们带来的先进学说和知识，这个时期的历法创新将会少些新锐色彩。与此情况相类似的是我国的地图测绘技术。

地图测绘在我国有着悠久的历史和杰出的成就，但是由于长期的科学知识和地理知识的欠缺，当时绘制的地图全是平面图，而且里程计算不能完全符合地球表面的弧度。

随着到中国的传教士的增多，西方的地理知识和经纬度测绘方法不断被引进。这些让清时的中国学者大开眼界，同时也引起了当时统治者对地图测绘技术的重视。

康熙四十七年（1708年），清廷邀请何国宗、明安图等中国学者和耶稣会士雷孝思、杜德美、白晋等法国传教士，共同参与全国范围内的地图测绘工作。

测量人员采用当时最先进的经纬度测绘方法，跋山涉水实地测量，足迹遍布全国各地。东北至黑龙江以北，北至蒙古，西南至西藏、青海，东南至台湾，历经10年努力，于康熙五十八年（1718年）将实测结果和地方志结合汇总，绘制成《皇舆全览图》。

该图采用梯形投影法绘制，比例尺为1：1400000，是当时我国采用近代科学方法，经过实地勘测绘制而成的第一幅详细的全国地图。其绘图水平极高，李约瑟感叹道，它“不但是亚洲当时所有的地图中最好的一幅，而且比当时的所有欧洲地图更好、更精确”。

乾隆二十五年（1760年），乾隆皇帝命人在《皇舆全览图》的基础上进行完善，完成后将《皇舆全览图》更名为《乾隆内府舆图》。此图比《皇舆全览图》更加详细完备，在具体信息上也更加准确。

## 历法辩论，数学盛世

数学在我国古代称为古算。在世界领域内，我国的数学水平也曾占据数一数二的地位。但是时至明代，古算几近成为绝学，卓有成就的数学家也是寥寥无几。

明朝末年，西方传教士将他们的数学理论带入中国，我国也开始历史上第一次西算输入过程。这个过程始于徐光启的数学译著《几何原本》前六卷，止于康熙时编成《数理精蕴》。此后，清朝又掀起了古算复兴的浪潮，此二者共同构成了清朝前期数学发展的两大支柱。

另外，康熙年间的一次历法大辩论，新历派以精确的数学计算方式战胜了旧历派的方法。这次胜利引起了知识界对数学的关注和肯定，同时也引起了朝廷对于数学的重视。此后不断有外国传教士被清廷聘用，向中国学者讲授有关几何、代数、天文、物理等科学知识，推动了清代数学的蓬勃发展，也培养带动了一批著名的数学家，弥补了明代在这方面的空白。这里面有方中通、梅文鼎、梅瑴成、明安图、王元启、董佑诚、项名达等人，其中以梅文鼎和明安图成就最高。

梅文鼎（1633—1721年，明崇祯六年至清康熙六十年），字定九，号勿庵，安徽宣城人。他将一生的心血倾注在数学和历学研究上，学贯中西，后辈学者尊称他为清代算学第一人。

在梅文鼎看来，“法有可采，何论东西；理所当然，何论新旧”，所以无论是西算还是古算，只要有可取之处他都潜心研究，收集采纳。西方的数学在清初时刚传入中国不久，相关书籍和参考资料很少，偶有这方面的论证和图解也不是很容易让人理解。为此，梅文鼎做了大量关于西方数学著作的整理、疏解和阐述工作，语言“往往以平易之居，解极难之法，浅近之言，达至深之理”。这种浅显易懂，通俗流畅的译注、整理方式在当时对西方数学理论的传播起到了重要的推动作用。

梅文鼎在三角、几何学领域的造诣很高。三角不是现代意义上的三角形，而是当时一种用于历学钻研的工具，在当时有着“不明三角，则历书佳处必不能知，其有缺处亦不能正”的说法，但当时教授三角使用方法的书不多，能让人尽快掌握的书更少。梅文鼎的《平三角举要》很好地解决了这个问题，这本书系统地介绍了三角的定义、定理、解法以及在实际测量中的应用，语言深入浅出，是当时学习三角的一本很好的方法书。另外，他还在《弧三角举要》《环中黍尺》这两本书中对球面三角学做了细致的阐释演绎，创造了球曲三角形的图解法。

他在几何学方面的贡献主要包括以下几个方面：

第一，引用勾股定理解答了《几何原本》前六卷中的诸多未解之题，提出“几何不言勾股，其理莫能外。故其最难通者，以勾股释之则明”的主张。

第二，在《几何补编》中提出了多种等面体体积的计算方法和原理，这是当时引进的西学中没有的内容。

第三，对“理分中末线”（即黄金分割线）的作用探索多年，并将自己的研究成果应用到各种多面体体积的测量当中，具有很大的实际效用。

梅文鼎一生著作颇丰，而且著述领域广泛，总共88部，其中有26部关于算学的，62部关于力学的。

梅文鼎的数学成就和他的治学态度有着密切的关系。他的研究态度端正严肃，撰书认真仔细。在收集材料时，每当得到一本书，都要亲自校对其中的残缺和错误的地方，并会十分有见地地指正其中的得失。遇到书中有散失遗落的书页一定会尽心收集，然后做亲笔誊写。有时候一个问题会在不同版本中有不同的说法，这时他会仔细琢磨，再三推求，常常想一个问题想得废寝忘食。

1705年，康熙南巡时路过梅文鼎的家乡，一连三天召见他。二人见面就谈论关于数学和历法方面的问题，康熙亲自提笔写下“绩学参微”四个大字赐给他。

康熙末年，朝廷编制《数理精蕴》期间，梅文鼎的数学研究成果起到了直接的帮助作用。

《数理精蕴》是一部具有总结性的数学著作，成书于西算输入时期，

是当时我国数学百科全书中最高水平的代表。它的编纂由康熙皇帝亲自主持，当年康熙授命梅文鼎的孙子梅瑴成协同陈厚耀、何国宗、明安图等人，在清宫潜心研究数理、整理相关研究论著，将明末清初传入我国的多种西算方法、原理以及当时流传下来的有据可考的古算精华全部收录，并做了系统地分类整理和编排工作。书著成后又以康熙御制的名义在全国颁行，因而流传广泛，影响巨大，是清时研习数学的必读书目之一。

在编著《数理精蕴》的众多参与者中，明安图（1692—1765年，康熙三十一年至乾隆三十年）也是一位著名的数学家。

明安图是正白旗出身，年幼时曾在钦天监研读诗书、数理，是康熙帝亲自培养出来的数学方面的人才。成年后，参加过《历象考成》《数理精蕴》等书的编纂工作，数学方面的造诣、成就相当可观。

时值法国传教士杜德美来到中国，并将“圆径求周”“弧背求通弦”“弧背求正矢”格里哥里三公式，也就是三角函数展开式和π的无穷级数式的公式，带到了中国。但是，他并没有对三个公式的解读、运用方法进行介绍和证明，使得这三个公式成了单纯的存在，在中国毫无用武之地。

经过长时间的刻苦钻研，明安图利用几何连比例的归纳方法，不仅证明了杜德美所介绍的三公式的推理过程，还在这三者的基础上进一步推导出另外六个新公式。这六个公式分别是“弧背求矢”“弧背求正弦”“通弦求弧背”“矢求弧背”“正弦求弧背”“正矢求弧背”，总称“割圆九术”。

此外，他撰写的《割圆密率捷法》把三角函数和圆周率的研究水平提高到了一个新的阶段。

除了梅文鼎和明安图等著名的数学家外，到19世纪初期，又涌现出像董佑诚、项名达这样优秀的数学家。董佑诚撰写的《割圆连比例图解》，运用迥异于明安图的方法，同样证明了由西方传入的很多公式。项名达编纂的《象数一原》则承袭发扬了明安图的研究成果，演算出了连比例求椭圆周长的公式，而且演算的整个计算程序丝毫不违背椭圆积分的法则。

雍正以后，清政府开始限制、禁止外国传教士来中国传播他们的信仰，发展他们的教徒。所以来华的传教士呈逐渐减少的趋势，输入西学的潮流进程也趋于中断。在这种背景和客观条件的限制下，数学研究的倾向就发生了偏移。接受、演绎西学的潮流渐渐平复，而挖掘和整理古算的事却引来越来越多的人的关注。在这方面贡献最大的当属戴震。

自此以后，对古代传统天算的著作的整理、校勘、注释蔚然成风，其中较有名气的有李潢校注的《九章算术》；罗士琳费时12年的时间，对元代朱世杰的名著《四元玉鉴》和《算学启蒙》中的天元术和四元术进行了细致严密的钻研后，写成的《四元玉鉴细草》等。

曾经有数据显示，我国清朝一代，大约有500人写了1000多种数学著作，总的数目超过以往任何一个朝代。但由于当时乾嘉学派的思想盛行，这些著作没有跳出对古算的整理、注释的狭小范围。

## 医学理论，百花齐放

清朝时，中国传统的医药学在医学理论的研讨、温病研究、药物学、方剂学等方面有了较大的发展，出现了不少著名的医药学家，攻克了不少疑难杂症，在医学史上留下了光辉灿烂的一笔。

清代的众多医家对中国历史上很多医学典籍，如《内经》《难经》《伤寒论》《金匮要略》等，做了详细的注解和阐释。

浙江钱塘医家张志聪，出身医学世家，年轻时曾经潜心研究儒学，后来转投名医张卿子门下学习医学。他在医理研究方面极具悟性和天赋。出师后，他继续在行医过程中积累知识，不断精进，终于成为一代医术高明、学识博洽的大医家，著有《黄帝内经素问集注》《伤寒论宗印》《灵枢经集注》《侣山堂类辨》《金匮要略注》《本草崇原》等。其中，《黄帝内经素问集注》模仿明代理学家注解经书的方法，以“惟以参解经义，不工辞藻”为原则，对《黄帝内经素问》原文逐句做注，通俗易懂、详细明了地阐读了历代医家所忽略或回避的一些疑难问题。

在《难经》注解方面有重大贡献的是江苏吴江人徐大椿。他从小聪明过人，学识十分渊博。岁过而立之年时，家人多病的情况让他弃儒从医，博览历代名医著述，很快就在这方面有了极深的造诣。传说他洞明药性，不论遇到何种顽疾都能药到病除。除了悬壶济世外，徐大椿著述颇多，最有名当属《难经经释》。《难经》原名为《黄帝八十一难经》，相传是战国扁鹊所作，它以答疑解难的形式编撰而成，共讨论了81个问题，因此得名。徐大椿在阐读《难经》时，创造性地采用“训诂诠释，则依本文；辩论考证，则本《内经》”的方法，解释齐全，考证详明，而且对《难经》中所谈及的经络、脏腑等方面的问题有很多独到的见解。

《伤寒杂病论》是东汉张仲景集毕生心血所著的医学名著，在医药学史上具有重要地位。可是随着张仲景的离世，这本书逐渐散落民间，多有遗失。时至宋朝，才经人收集整理成《伤寒论》和《金匮要略》两本书，与世人重见。这两本书与《黄帝内经》《神农本草经》并称为“中医四大经典”。随着时间的推移、文字的变迁，后人在阅读时常常遇到困难，所以对它们的注解工作也逐渐受到清代医家的重视，柯琴、尤怡便是其中的代表。

柯琴的《伤寒来苏集》和尤怡的《伤寒贯珠集》，在张仲景医理研究方面颇有心得，同时还对张仲景的临床方法进行了总结，对于临床医疗也极具指导意义。除了《伤寒贯珠集》外，尤怡还著有《金匮要略心典》《金匮翼》两本书，是《金匮要略》研究领域的著作。前者对《金匮要略》中的深文奥义着重解读，见解独

张仲景画像

到精辟；后者“足补《金匮》之所未备，实能羽翼《金匮》”，实则是对《金匮要略》的进一步丰满。

虽然清代诸医家对古代医学典籍的编纂、整理的著述很多，但是在具体经文的解释方面，常常会出现意见不同的时候，有时难免会发生激烈的争论。但是这种辩解、争论并不是坏事，反而会对中华传统医学典藏的发掘和传统医学理论的发展起到有益的推动作用。

明代时，李时珍曾参考历代近八百余种有关医药等方面的学术书籍，并结合自身经验和调查研究，用二十七年的时间编成药物学的总结性巨著《本草纲目》。在清代，药物学在此基础上又有了新的发展，一些著名的药物学家青史留名，一些新的药物品种不断问世。

赵学敏是继明代李时珍后清代著名的医药学家，曾著《本草纲目拾遗》一书。书中总共记载了921种药物，其中有716种是《本草纲目》中未曾收录的新药品。在药物分类方面，赵学敏增加了“花”和“藤”两部，将“金石”一分为二，并将“人”部删去，最终全书分为18部，相比于《本草纲目》的分类方法来说，这本书的分类方法更趋于合理。此外，这本书还对《本草纲目》中的一些错误做了修改更正。所以他的这本《本草纲目拾遗》既是对《本草纲目》的完善，同时也是对我国传统药物学的发展。

赵学敏之后，吴其濬写就了一部药用植物学专著，即《植物名实图考》。该书一共分38卷写就，记载了12类、714种植物。书中还对每种植物的形貌、颜色、性味、产地、功能等做了详细的文字介绍，特别是对植物的药用价值做了重点而详尽的说明，有的还配以惟妙惟肖的插图辅读。

清时，除了赵学敏和吴其濬外，其他的一些医家还编著了一些简单实用的本草书籍，如汪昂（字衔庵）根据《本草纲目》等著作辑成《本草备要》一书，记载了460余种药物，并附插图400余幅，简单明了地对每味药品的药效和副作用做了介绍，使人在阅读时一目了然。

后来，吴仪洛又在汪昂的《本草备要》的基础上进行了扩充，新增药物260余种，命名为《本草从新》。

汪昂的《医方集解》、吴仪洛的《成方切用》是当时清代在方剂学方面的新作品。这两本书中收录了许多疗效显著的良方，在对这些良方进行解读时，二人也尽量直译阐发，而且见解独到，极具临床实用性。

汪昂的《汤头歌诀》和陈念祖的《时方歌括》对初学方剂的人来说，是十分有帮助的入门书籍。因为它们文言浅白，又朗朗上口便于诵读，极容易被人理解和掌握。

自民间的药方，大多具有药价便宜、奏效快、得来容易的共同特点，但是这方面的书面整理工作一直没有得到相关人士的重视。在清朝，赵学敏的《串雅》（内外编）弥补了在民间医疗经验整理方面的不足。这本书是“走方医”赵柏云药方的整理版，非常适合普通百姓、平常人家的应用。

温病是传染性和非传染性等多种热性病的总称。温病学派就是致力于这些温病研究的一个流派。在积累了众多有关温病经验的基础上，形成了比较系统的温病辨证论治的理论，温病学派便在清代医学领域中脱颖而出，其中影响较大的有叶桂、吴瑚、王士雄。

叶桂，江苏吴县人，祖父和父亲都是医家出身。受父辈的影响，叶桂对医学一直十分感兴趣，他潜心学医，吸收了老师的很多理论知识和行医经验。他在行医时，开出的处方客观合理，在治病过程中常现奇效，时人评价他为“于疑难证，或就其平日嗜好而得救法；戚他医之方，略与变通服法；戒竟不与药，而使居处饮食消息之；或十无病时预知其病；戚预断数年厄皆验”。当时名满天下。叶桂的主要成就是发表了《温热论》，这本书总结了前人的经验教训，为温病学说的发展提供了进一步的理论和辨证基础。

吴珊，字鞠通，江苏淮阴人，是继叶桂后的又一个温病学家。他师从叶桂，通读历代名医的著述，剔除其中驳杂的地方，选取其中的精华，并附加自己的独到见解和经验领会，最终合成《温病条辨》一书。这本书开篇即引经文探究湿病的源头，然后将温病分为风温、温热等九种类型来论述，并指出了相应的治疗方案。书后附录杂说、救逆、病后阐治及产后、小儿等内容，内容严谨，层次分明。曾有人评论此书时说：“其为方也约向精，具为论也闳以肆。”

清朝末年，王士雄继叶桂、吴珊之后写就《温热经》，以《内经》《伤寒论》中有关瘟病的记述为经，以叶桂等5位名医的著作为纬，附加其他名家的注文和自己的见解，是这本书成为当时温病学家零散专著的汇总书目。这本书采录内容详略得当，内容精辟，同时方便学习，在当时影响很大。

## 手工发达，文化繁荣

明末清初，因长期战乱，手工业生产也遭到严重破坏。大约经过五六十年的光景，到康熙中期以后，手工业才逐步得到恢复和发展。但整体而言，清代丝织业已落后于明代丝织业在清代手工业中占有重要地位。当时江宁、苏州、杭州、佛山、广州等地的丝织业都很发达。虽然清朝统治者在江宁、苏州、杭州设有织造衙门，在一定程度上阻碍了江南丝织业的正常发展，但清代民间丝织业还是发展很快。如江宁的织机在乾、嘉时期达到三万余张，而且比过去有许多改进，“织缎之机，名目百余”，所产丝织品畅销全国。即使在偏远的贵州，丝织业也得到很大发展。道光时，贵州遵义绸“竞与吴绫、蜀锦争价于中州”，招致了秦、晋、闽、粤各省客商竞来购买贩运。

清代的棉织业在江南一些地区也日益发达，棉纺织工具有显著改进。如上海的纺纱脚车，可“一手三纱，以足运轮（名脚车），人劳而工敏”。织布机也有一些改进和革新。当时的棉布生产，无论数量或质量都比以前有很大提高。上海的“梭布，衣被天下，良贾多以此起家”。苏州的“益美字号”，因大家誉其“布美，用者竞市”，“一年消布，约以百万匹”，结果“十年富甲诸商，而布更遍行天下”，“二百年间，滇南漠北，无地不以益美为美也”。苏布“名称四方”，可见信誉之广。无锡也盛产棉布，乾隆时，“坐贾收之，捆载而贸于淮、扬、高、宝等处，一岁所交易，不下数十百万”，有“布码头”之称。

清代，江西景德镇仍是全国制瓷业的最大中心。到乾、嘉时，不说官窑，单“民窑二三百区，终岁烟火相望，工匠人夫不下数十余万”。除景德镇外其他各地的制瓷业也都发展起来，据统计，乾隆时全国著名陶瓷品产地共有四十余处，遍布各地。如直隶武清、山东临清、江苏宜兴、福建德化、广东潮州等地的窑场，都有很大的规模，所产瓷器色彩鲜艳，精美绝伦。

制糖业在台湾、福建、广东、四川等地都很发达。康熙至乾、嘉之际，台湾的种蔗制糖极盛，每岁产蔗糖“六十余万篓”，“篓一百七八十斤”，内销京津及江浙各省，外运南及吕宋，东至日本等国；广东的蔗糖也贩运四方。此外，浙江、江西、江苏等省的甘蔗种植和制糖行业也日益发展起来。

矿冶业在清代也有进一步发展。云南的铜矿，贵州的铅矿，广东、山西、河南、山东的铁矿，开采的规模都比较大。如云南的铜矿，至乾、嘉极盛时，全省开办的铜厂有三百多处，其中有官督商办的大厂，也有私营的小厂。“从前大厂（砂丁）率七八万人，小厂亦万余人，合计通省厂丁，无虑数百十万，皆各省穷民来厂谋食”。乾隆五年至嘉庆十六年（1740—1811年），云南铜矿的最高年产量达到1467万余斤。乾隆时，贵州铅矿年产黑铅也达到1400多万斤。广东佛山镇的铁器制造业也很发达，那里有铸锅业、炒铁业、制铁线业、制钉业和制针业等行业，而尤以铸锅业最为有名，所铸铁锅不仅行销国内各地，而且也大量输出国外。

棉桑等经济作物只准种在“不可以种植五谷之处”。粮食以外的作物尚且要禁，何况工商。清朝皇帝认为“市肆之中多一工作之人，则田亩之中少一耕稼之人”，多次表示“招商开厂……断不可行”，“矿厂除严禁之外，无二议也”。

清初的文人学者，不满统治者的民族压迫和专制统治，较普遍地存在反对清廷的民族思想，有些人还有进步的民主思想。这时期的诗文作家，即以抱有这种思想的明遗民为主体。黄宗羲、顾炎武、王夫之三人是这时期最杰出的思想家和学者。他们的散文，以深厚的功力，表现了强烈的民族思想和不同程度的民主思想，超越晚明散文的成就，显示了崭新的面貌；他们的诗歌风骨亦高。重要的遗民诗人还有归庄、杜浚、吴嘉纪、阎尔梅、钱澄之、屈大均、陈恭尹等。遗民诗的重要主题，是反映民族矛盾，表现爱国思想；阎尔梅、钱澄之、吴嘉纪又较多地反映了当时的社会和阶级矛盾，在风格上，也各有特色。

康熙后期，统治巩固，文士又多是在清朝成长的，其身世与明遗民不同。这时期的诗歌，就不再以表现民族矛盾与阶级矛盾为主，而是致力于艺术技巧的追求，内容以抒情吊古和摹写山水为主。著名诗人有施闰章、宋琬、王士禛、朱彝尊、查慎行、赵执信等。王士禛为神韵派领袖，查慎行诗刻画精工，成就较大，赵执信则比较注重反映现实。

长篇小说在本时期放射出特有的巨大的光彩，最具代表性的就是吴敬梓的《儒林外史》与曹雪芹的《红楼梦》两部巨著的出现。《儒林外史》对八股取士的封建考试制度的摧残人才，进行了全面的揭露和辛辣的

曹雪芹画像

讽刺，它虽采用夸张的手法，却体现“讽刺的生命是真实”的深刻的现实性。《儒林外史》以具有幽默感而又朴素的文字，达到“戚而能谐，惋而多讽”的艺术效果，富有含蓄性，是中国古代成就最高的长篇讽刺小说。《红楼梦》通过贾宝玉、林黛玉的爱情悲剧和贾府由盛到衰的故事情节，反映了官僚地主生活的腐朽，表现了具有叛逆性格青年的民主思想与传统意识形态的冲突，揭示了封建统治阶级和封建社会走向没落的趋势。它通过对日常生活琐事和人物内心世界的提炼描写，塑造了一大群具有深刻典型意义而又个性鲜明的人物形象。刻画细腻，气氛浓郁，语言文字优美多姿，以思想和艺术的伟大成就而成为中国古典小说的高峰。短篇文言的笔记小说，有纪昀的《阅微草堂笔记》、袁枚的《新齐谐》等，成就都不及前期的《聊斋志异》。

康乾时期清朝统治者汇集众多专家、学者编修了《康熙字典》《古今图书集成》《四库全书》等大型文化典籍，成为中国宝贵的文化遗产，然而清统治者毁书亦多，则是一大罪过。

# 后 记

所谓“盛世”，在历史上是指中国社会发展中一些特定的阶段，是国家从大乱走向大治，在较长时间内保持繁荣昌盛的时期。在中国两千多年的封建历史长河中，出现过很多这样的“盛世”阶段，从“文景之治”到“武帝之治”的汉朝盛世、从“贞观之治”到“开元全盛”的大唐盛世以及清代的“康乾盛世”等。这些时期，一方面确立了中国传统“盛世”概念的基本内涵，另一方面也都没能避免“盛极而衰”的结局，因而给后人留下了无尽的话题与思索。

纵览历史，各个盛世都具有一个共同的特征，那就是国家统一、经济繁荣、政局稳定、社会安定、国力强大、文化昌盛等。为了更好地反映历史中的这些盛世风华岁月，我们策划编写了本套“盛世风华系列”丛书，丛书选取了中国历史上的“十大盛世”进行编写，主要讲述了那些为中国历史的发展进程起到不可或缺作用的历史事件和人物故事，内容精彩，可读性强。

“盛世风华系列”丛书在编写的过程中参阅了大量文献资料和研究成果。同时，为了全面准确地传递知识，还特选部分精美图片辅助说明，但由于文字图片权源分散或作者不详，无法与诸权利人一一联系。鉴于以上原因，该系列丛书编者为尊重作者权益，我们真诚地期望本书所用资料的权利人与我们取得联系，提供有效的版权证明并领取相关使用费。特此声明并为不周处先此致歉！

邮箱：AAA@sina.com　联系人：若木。